마르크스

첫단추 시리즈
028

마르크스

피터 싱어 지음
노승영 옮김

교유서가

차례

머리말

카를 마르크스 탄생 200주년은 그가 역사에서 차지하는 위치를 재평가할 기회다. 20세기를 풍미한 19세기 사상가 마르크스의 사상은 이제 폐기되었을까? 아니면 마르크스는 다윈이나 아인슈타인처럼 오늘날까지 여전히 유효한 진리를 발견함으로써 현실에 대한 우리의 이해를 진전시켰을까? 어쩌면 그의 의의를 올바르게 평가하는 길은 두 극단 사이에 있을지도 모르겠다. 이 책의 목표 한 가지는 이 물음들에 답하는 것이다. 나의 또다른 목표는 마르크스의 의의를 평가하기 위한 전제 조건으로서 그의 중심 사상을 간략하고 명확하게 설명하는 것이다. 마르크스에 대한 책은 수없이 많으므로 또다른 책을—아무리 얇은 책이라도—보태고 싶다면 그 전에 두 번 생각해야 한다. 내가 이 책을 쓴 것은 마르크스의 방대한 저작에 깔려 있는 일관된 관점을 사전 지식이 없는 일반 독자가 이해할 수 있도록 설명한 책을 한 번도 보지 못했기 때문이다. 초판이 성공을 거둔 것을 보면 이런 책의 수요가 있음을 알 수 있다. 그 뒤로 마르크스의 사상에 대한 학술 연구에서 새로운 사실과 통찰이 제시되었기에 이번 제2판은 최근의 연구 성과를 포함하는 한편 오늘날 마르크스 사상이 적합한지 평가하는 대목을 첨가했다.

피터 싱어

프린스턴 대학교와 멜버른 대학교

약어 설명

본문에서 마르크스의 저작을 언급할 때에는 통상 제목 약어와 쪽수로 표기한다. 따로 명기하지 않은 경우 쪽수는 데이비드 매클렐런 엮음, 『카를 마르크스 선집』 제2판(Oxford: Oxford University Press, 2000)을 따른다.

B 'On Bakunin's *Statism and Anarchy*'. 한국어판은 『맑스 · 엥겔스의 농업론』(아침, 1990)에 실린 「바쿠닌의 『국가제와 무정부』 개요」.

C I *Capital: A Critique of Political Economy* 제1권, 벤 포크스(Ben Fowkes) 번역(London: Penguin, 1990). 한국어판은 『자본

론 I〔상 · 하〕』(비봉출판사, 2015).

C III *Capital: A Critique of Political Economy* 제3권, 데이비드 펀바흐(David Fernbach) 번역(London: Penguin, 1993). 한국어판은 『자본론: 정치경제학 비판 III〔상 · 하〕』(비봉출판사, 2015).

CM *Communist Manifesto*. 한국어판은 『공산당 선언』(도서출판 b, 2018).

D 박사 논문.

EB *The Eighteenth Brumaire of Louis Bonaparte*. 한국어판은 『경제학-철학 수고』(이론과실천, 2009)

EPM *Economic and Philosophical Manuscripts of 1844*. 한국어판은 『경제학-철학 수고』(이론과실천, 2009).

G *Grundrisse: Foundations of the Critique of Political Economy*, 마틴 니콜라우스(Martin Nicolaus) 번역(London: Penguin, 1993). 한국어판은 『정치경제학 비판 요강 I · II · III』(그린비, 2007).

GI *The German Ideology*. 한국어판은 『칼 맑스 · 프리드리히 엥겔스 저작 선집 1』(박종철출판사, 2016)에 실린 「독일 이데올로기」.

GP 'Critique of the Gotha Programme'. 한국어판은 『칼 맑스 · 프리드리히 엥겔스 저작 선집 4』(박종철출판사, 2016)에 실린 「고타 강령 초안 비판」.

HF *The Holy Family*. 한국어판은 『칼 맑스 · 프리드리히 엥겔스 저작 선집 1』(박종철출판사, 2016)에 실린 「신성 가족 혹은 비판적 비판에 대한 비판」.

I 'Towards a Critique of Hegel's *Philosophy of Right*: Introduction'. 한국어판은 『칼 맑스 · 프리드리히 엥겔스 저작 선집 1』(박종철출판사, 2016)에 실린 「헤겔 법철학의 비판을 위하여. 서설」.

J 'On the Jewish Question'. 한국어판은 『유대인 문제에 관하여』(책세상, 2015).

M 'On James Mill'(평주評註).

MC David McLellan, *Karl Marx: His Life and Thought: A Biography*, 4th edition (New York: Palgrave Macmillan, 2006)에 인용된 편지와 여러 저작.

P *A Critique of Political Economy* 서문. 한국어판은 『칼 맑스 · 프리드리히 엥겔스 저작 선집 2』(박종철출판사, 2016)에 실린

「정치경제학의 비판을 위하여. 서문」.

PP *The Poverty of Philosophy*. 한국어판은 『칼 맑스 · 프리드리히 엥겔스 저작 선집 1』(박종철출판사, 2016)에 실린 「철학의 빈곤」.

R 1843년 루게와 주고받은 편지.

T 'Theses on Feuerbach'. 한국어판은 『칼 맑스 · 프리드리히 엥겔스 저작 선집 1』(박종철출판사, 2016)에 실린 「포이에르바하에 관한 테제들」.

VPP 'Value, Price and Profit' (*Wage-Labour and Capital & Value, Price and Profit* (New York: International Publishers, 1975)에 수록). 한국어판은 『칼 맑스 · 프리드리히 엥겔스 저작 선집 3』(박종철출판사, 2016)에 실린 「임금, 가격, 이윤」.

WLC *Wage-Labour and Capital*. 한국어판은 『칼 맑스 · 프리드리히 엥겔스 저작 선집 1』(박종철출판사, 2016)에 실린 「임금 노동과 자본」.

제 1 장

마르크스의 삶과 유산

마르크스의 영향

마르크스의 영향력은 예수나 무함마드 같은 성인의 영향력에 비길 만하다. 20세기 후반의 대부분 기간 동안, 마르크스주의자를 자처하고 마르크스의 사상을 따라 정책을 결정한다고 주장하는 정권에 속한 사람들이 전 세계 인구 열 명 중 네 명에 이르렀다. 이 나라들에서 마르크스는 세속의 신을 방불케 한다. 어디에나 그의 모습이 경건하게 전시되어 있으며 그의 말은 진리와 권위의 최종 근거로 통한다. 정치 지도자와 그들의 적수는 자신의 정치적 지향에 들어맞도록 마르크스의 말을 해석했으며 패배한 자는 이단과 비슷한 운명을 맞았다. 마르크스의 유산은 수억 명의 삶을 (좋게든 나쁘게든) 바꿨다.

그의 영향은 공산주의 사회에 국한되지 않았다. 보수주의적 사회주의, 자유주의적 사회주의, 민주주의적 사회주의를 표방하는 정권은 혁명적 마르크스주의자들의 정권 반대 운동을 미연에 막고자 사회복지 체계를 확립했다. 마르크스주의의 또 다른 적수들은 더 가혹하게 맞섰다. 무솔리니와 히틀러가 권력을 잡을 수 있었던 데는 보수파가 그들을 마르크스주의의 위협과 맞서 싸울 가장 유망한 세력으로 여긴 탓도 있다. 심지어 미국처럼 마르크스주의자들이 권력을 쥘 현실적 전망이 전무한 나라에서도 마르크스주의 적국의 존재는 개인의 권리를 제한하고 군비 지출을 확대하고 (민주적으로 선출된 정부를 무너뜨리고 베트남 문제에 개입하여 재난을 가져온) 호전적 대외 정책을 추구하는 정부를 정당화하는 핑계가 되었다.

이제 마르크스의 사상은 우리가 사회에 대해, 또한 계급과 경제적 힘의 역할에 대해 생각하는 바탕이다. 그의 사상은 역사 연구와 사회학을 변화시켰으며 철학, 문학, 예술에 심대한 영향을 끼쳤다. 이런 점에서 지금의 우리는 모두 마르크스주의자다.

이렇게 폭넓은 영향을 끼친 사상의 정체는 무엇이었을까? 그것이 이 책의 주제다. 하지만 우선 마르크스주의를 낳은 인물에 대해 간략하게 살펴보자.

출생, 학업, 결혼

카를 마르크스는 1818년 독일 라인란트의 트리어에서 태어났다. 부모 하인리히와 헨리에타는 유대인 가문 출신이었다. 하인리히는 라인란트가 프랑스 영토이던 1814년에 변호사 자격을 취득했다. 하지만 1815년에 나폴레옹이 패배하여 라인란트가 프로이센의 지배를 받게 되면서 유대인은 법조계에 종사하는 것이 금지되었다. 하인리히 가족은 명목상 루터파가 되었다. 그의 가족은 부자는 아니어도 풍족했다. 종교와 정치에 대한 견해는 진보적이었으나 급진적이지는 않았다.

마르크스의 지적 여정은 법학을 공부하려고 본 대학교에 입학한 17세 때로 거슬러올라가지만, 시작은 좋지 않았다. 그는 1년도 못 되어 주취 난동으로 투옥되었으며 결투를 벌이다 경미한 부상을 입기도 했다. 어릴 적 좋아하던 예니 폰 베스트팔렌에게는 연애시를 썼다. 마르크스의 아버지는 아들의 '광란'에 신물이 나서 더 학구적인 베를린 대학교로 그를 전학시켰다(그림 1 참조).

베를린에 간 마르크스는 법학에서 철학으로 돌아섰다. 그의 아버지는 실망하여 편지에서 이렇게 나무랐다. "전에는 맥주 마시느라 머리가 썩더니 이제는 잠옷 바람에 빗질도 하지 않고 공부하느라 머리가 썩었구나"(MC 27). 마르크스는 꾸중에도 아랑곳하지 않았으나 아버지가 죽자 장래를 진지하게 고

1. 1836년, 18세의 카를 마르크스.

민할 수밖에 없었다. 아버지의 소득 없이는 가족이 마르크스를 무한정 뒷바라지할 수 없었기 때문이다. 그래서 마르크스는 대학 강사 자리를 얻으려고 박사 논문을 쓰기 시작했다. 논문 자체는 데모크리토스 자연철학과 에피쿠로스 자연철학의 몇 가지 차이점이라는 오래되고 학술적인 주제를 다뤘으나 마르크스는 이 고대의 논쟁이 헤겔 철학의 해석에 대한 논쟁과 일맥상통한다고 생각했다. 당시에 헤겔 철학은 독일 사상의 다양한 정치적 견해가 만나는 교차로였다.

논문은 1841년에 통과되었으나 대학 강사 자리는 하나도 얻지 못했다. 마르크스는 언론에 흥미를 느꼈으며, 새로 창간된 진보 언론 〈라인 신문Rheinische Zeitung〉에 사회적 · 정치적 · 철학적 문제에 대한 글을 기고했다. 그의 글은 호평을 받았으며 신문사 내에서 인맥이 어찌나 두터웠던지 1842년에 편집인이 사임하자 스물두 살에 불과한 마르크스가 만장일치로 후임이 되었다.

편집인 시절은 짧았으나, 그의 탓은 결코 아니었다. 사람들의 관심이 커지면서 프로이센 정부의 검열관도 〈라인 신문〉에 주목하기 시작했다. 마르크스는 모젤강 유역 포도 재배 농민들의 빈곤에 대한 기사를 잇따라 썼는데, 이게 당국의 심기를 거슬렀는지도 모르겠다. 어쨌든 정부는 〈라인 신문〉을 탄압하기로 작정했다.

마르크스는 상심하지 않았으며, 친구에게 보낸 편지에서 당국이 "내게 자유를 돌려주었"다고 썼다(MC 50). 신문 편집의 부담에서 벗어난 마르크스는 헤겔의 정치철학을 비판적으로 연구하기 시작했다. 더 시급한 사안도 있었으니, 그것은 약혼 7년째인 예니와 결혼하는 것이었다(그림 2 참조). 그리고 표현의 자유를 찾아 프로이센을 떠나고 싶었다. 문제는 결혼하려면 돈이 필요한데 다시 실업자가 되었다는 것이었다. 하지만 그는 촉망받는 젊은 저술가로서 명성이 높았기에 새로 창간된 잡지 〈독불 연보Deutsch-Französische Jahrbücher〉의 공동 편집인으로 초빙되었다. 그 덕에 결혼 자금을 충분히 마련할 수 있었으며 어디로 갈지의 문제도 해결되었다. 이름에서 알 수 있듯 〈독불 연보〉는 독일과 프랑스의 저자와 독자를 겨냥한 잡지였다.

혁명적 사상

카를 마르크스와 예니 마르크스는 1843년 가을에 파리에 도착했으며 이내 급진주의자나 사회주의자 무리와 어울리기 시작했다. 파리는 진보적 사상의 중심지였다. 마르크스는 〈연보〉에 싣기 위해 글을 두 편 썼다. 하지만 이 잡지는 〈라인 신문〉보다 더 단명했다. 창간호는 프랑스의 구독자를 하나도 유

2. 예니 마르크스(원래 이름은 예니 폰 베스트팔렌).

치하지 못하여 파리에서 거의 이목을 끌지 못했으며 프로이센에 보내진 것들은 당국에 압수되었다. 후원자들도 손을 뗐다. 한편 압수한 창간호에서 공산주의 사상과 혁명적 사상을 발견한 프로이센 정부는 편집인들에 대한 체포 영장을 발부했다. 이제 마르크스는 프로이센으로 돌아갈 수 없는 정치 망명자 신세가 되었다. 다행히도 〈라인 신문〉의 전(前) 주주들에게서 상당한 금액을 받았기에 일자리를 구할 필요는 없었다.

마르크스는 1844년 내내 자신의 철학적 입장을 다듬었다. 그의 사상은 매우 넓은 의미에서의 철학으로, 정치학과 경제학, 그리고 세계에서 작동하는 역사적 과정에 대한 관념을 아울렀다. 이제 마르크스는 공산주의자를 자처할 준비가 되었다. 당시 파리에서는 온갖 부류의 사회주의자와 공산주의자를 찾아볼 수 있었으므로 유별난 일은 아니었다.

같은 해에 마르크스와 엥겔스의 우정이 시작되었다. 프리드리히 엥겔스(그림 6 참조)의 아버지는 맨체스터에 방직 공장을 소유한 독일인 기업가였지만, 엥겔스는 마르크스와 같은 독일인 지식인 집단과 교류하면서 혁명적 사회주의자가 되었다. 엥겔스가 〈독불 연보〉에 기고한 글은 경제학에 대한 마르크스의 생각에 깊은 영향을 끼쳤다. 그러니 엥겔스가 파리를 방문했을 때 두 사람이 만난 것은 놀랄 일이 아니다. 얼마 지나지 않아 두 사람은 함께 소책자를 쓰기 시작했다(엥겔스는 그 정도

분량이면 충분하리라 생각했다). 엥겔스는 열다섯 쪽가량을 집필하고는 원고를 마르크스에게 맡긴 채 파리를 떠났다. 그 '소책자'는 1845년에 『신성 가족』이라는 제목으로 출간되었다. 마르크스의 첫 책으로, 분량은 300쪽에 이르렀다.

한편 프로이센 정부는 파리에 사는 독일인 공산주의자들에게 조치를 취하라며 프랑스를 압박했다. 추방령이 내려졌으며 마르크스 부부는 큰딸 예니와 함께 브뤼셀로 이주했다.

브뤼셀 체류 허가를 얻으려면 정치에 관여하지 않겠다고 서약해야 했지만, 마르크스는 각국의 공산주의자들이 연락을 주고받을 수 있도록 공산주의자연락위원회를 조직함으로써 약속을 어겼다. 그런데도 3년간 브뤼셀에 체류할 수 있었다. 마르크스는 경제학과 정치학을 비판적으로 분석하는 책을 출간하기로 출판업자와 계약을 맺었다. 계약에 따르면 책은 1845년 여름까지 완성되어야 했다. 이것은 훗날 『자본론』이 될 책에 대해 마르크스가 어긴 여러 마감일 중 첫번째였다. 출판업자는 원고를 받기 전에 인세를 지불했는데, 틀림없이 두고두고 후회했을 것이다. (계약은 결국 취소되었지만, 불운한 출판업자는 1871년까지도 돈을 돌려받지 못했다.) 이때부터 엥겔스가 마르크스를 금전적으로 돕기 시작했는데, 마르크스 가족이 살아가기에는 충분했다.

마르크스와 엥겔스는 자주 만났다. 엥겔스가 브뤼셀에 왔는데, 그 뒤에 둘은 잉글랜드로 건너가 새로운 산업 시대의 심장부인 맨체스터에서 6주간 경제학을 공부했다. (예니는 둘째 딸 라우라를 임신하고 있었다.) 마르크스는 귀국하는 길에 경제학 서적 집필을 미루기로 마음먹었다. 자신의 실증적 이론을 내놓기 전에 당시 독일의 철학 · 사회주의 진영에서 유행하던 사상들을 무너뜨리고 싶었다. 그 결과물이 『독일 이데올로기』다. 길고 군데군데 장황한 이 책은 적어도 일곱 군데의 출판사로부터 거절당했으며 급기야 "쥐들이 갉아먹는 비판에" 처하는 신세가 되었다(P 426. 『루트비히 포이어바흐와 독일 고전철학의 종말』, 돌베개, 1994, 14쪽).

『독일 이데올로기』를 쓰는 일 이외에도 마르크스는 자본주의에 맞서는 광범위한 투쟁의 동맹이 될 수도 있었던 사람들을 공격하는 데 많은 시간을 보냈다. 그는 프랑스의 주도적 사회주의자 피에르조제프 프루동을 공격하는 반박문을 썼다. "권위에 대한 미신적 태도"를 반대한다면서도 자기 사상의 중요성에 대한 확신이 어찌나 컸던지 마르크스는 다른 의견을 참아내지 못했다. 이 때문에 공산주의자연락위원회와 그 후신인 공산주의자동맹은 종종 분란을 겪었다.

마르크스는 새로 결성된 공산주의자동맹의 회의에 참석하려고 1847년 12월에 런던에 갔는데, 여기서 자신의 사상을 공산주의 활동의 토대로 삼을 기회를 얻었다. 그는 지리한 논쟁을 벌이며 공산주의가 어떻게 될 것인가에 대한 자신의 견해를 옹호했으며 마침내 엥겔스와 함께 공산주의자동맹의 강령을 쉬운 말로 작성하는 임무를 맡았다. 그렇게 탄생한 『공산당 선언』은 1848년 2월에 출간되었다. 이 책은 마르크스 이론의 얼개를 보여주는 대표작이 될 터였다.

하지만 『공산당 선언』은 곧바로 성공을 거두지는 못했다. 『공산당 선언』이 출간되기 전에 1848년 프랑스 혁명으로 유럽의 상황이 달라졌기 때문이다. 프랑스 혁명은 유럽 전역에서 혁명 운동의 방아쇠를 당겼다. 초조해진 벨기에 정부는 마르크스에게 24시간 안에 출국할 것을 요구했는데, 때마침 프랑스의 새 정부에서 마르크스의 추방령을 해제했다. 마르크스 가족은 처음에 파리로 갔다가 베를린에서 혁명이 일어났다는 소식을 듣고 라인란트로 돌아왔다. 마르크스는 쾰른에서 자금을 마련하여 급진파 언론 〈신 라인 신문Neue Rheinische Zeitung〉을 창간했다. 신문은 혁명에 동참한 광범위한 민주주의 운동을 지지했다. 한때 번창하기도 했으나, 혁명이 흐지부지되면서 프로이센은 다시 군주제로 돌아섰고 마르크스는 다시 짐을 싸야 했다. 그는 파리 체류를 시도했으나 이번에도 추방당했으며, 더 철저한 혁명이 일어나 대륙으로 돌아갈 수 있을 날을 고대하며 1849년 8월 24일 잉글랜드로 향했다.

런던에 정착하다

마르크스는 런던에서 여생을 보냈다. 가족은 처음에는 매우 가난했다. 그들의 보금자리는 소호에 있는 방 두 칸이었다. 예니는 넷째 아이를 임신하고 있었다(셋째인 아들 에드가는 브뤼셀에서 태어났다). 그런데도 마르크스는 공산주의자동맹에서 적극적인 정치 활동을 벌였다. 그는 프랑스 혁명과 그 여파에 대해 글을 썼으며, 공산주의자동맹 쾰른위원회의 회원들이 "반역 모의"로 프로이센 당국에 고발당하자 이들을 지지하는 운동을 조직했다. 경찰 증거가 조작되었음을 마르크스가 분명히 입증했는데도 회원들이 유죄 판결을 받자 마르크스는 동맹의 존속이 "더는 적절하지 않"다고 판단했으며 동맹은 해산되었다.

마르크스는 한동안 모든 정치 조직과 연을 끊은 채 고립된 삶을 살았다. 그는 닥치는 대로 책을 읽고 독일의 좌익 망명객들과 이론 논쟁을 벌였다. 편지에서 그는 먹을 것이 빵과 감자밖에 없으며 그마저도 모자란다고 불평을 늘어놓았다. 심지어 철도 직원 채용에 응시하기도 했는데, 악필 때문에 탈락했다. 마르크스는 전당포를 뻔질나게 드나들었다. 하지만 엥겔스를 비롯한 친구들은 마르크스에게 인색하게 굴지 않았다. 마르크스가 가난했던 것은 수입이 모자라서가 아니라 제대로 관리하지 못해서였을 것이다. 예니는 여전히 헬레네 데무트를 하녀로 두고 있었다. 데무트는 마르크스가 죽는 날까지 함께 살았다. (1851년에 마르크스와의 사이에서 사생아 프레더릭이 태어났는데, 추문을 피하기 위해 양부모가 키웠다.)

이 시기에 마르크스 가족은 개인적 비극을 겪었다. 넷째 아이는 젖먹이 시절에 죽었으며 그 뒤에 태어난 아이도 1년이 안 되어 숨졌다. 최악의 타격은 아들 에드가가 여덟 살에 죽은 것이었다. 사인은 결핵으로 추정된다.

1852년부터 마르크스는 일정한 수입을 얻게 되었다. 쾰른에서 만난 〈뉴욕 트리뷴New York Tribune〉 편집인에게 원고 청탁을 받은 것이다. 마르크스는 수락했으며 그 뒤로 10년에 걸쳐 마르크스가 쓴 글이 매주 한 번꼴로 〈트리뷴〉에 실렸다(일부는 엥겔스가 남몰래 쓰기도 했지만). 1856년에는 예니가 두 건의 유산을 상속받아 형편이 더 좋아졌다. 이제 마르크스 가족은 소호의 비좁은 방에서 햄스테드 히스 근처의 방 여덟 칸짜리 집으로 이사했다. 일요일이면 온 가족이 햄스테드 히스에 나들이를 갔다(그림 3 참조). 그해에 마르크스의 셋째 딸 엘리너(아명은 '투시')가 태어났다. 예니는 한 번 더 임신했지만 사산하고 말았다. 그래서 이후로 마르크스의 자녀는 예니, 라우라, 엘리너 셋뿐이었다. 마르크스는 아이들에게 온화하고 다정한 아버지였다.

3. 마르크스가 생애의 마지막 15년을 보낸 런던 하버스톡힐 메이틀랜드 파크로드 41번지 외관.

제1인터내셔널과 『자본론』 출간

이 시기 내내 마르크스는 머지않아 혁명이 일어나리라 예상했다. 그의 집필 활동이 가장 왕성했던 시기는 1857~1858년이었는데, 이는 그가 경제 불황을 목격하고서 자본주의의 최종 위기가 시작되었다고 착각했기 때문이다. 마르크스는 자신의 사상이 현실에 뒤처질까봐 (엥겔스에게 보낸 편지에 썼듯) "홍수가 나기 전에" 책의 윤곽을 뚜렷이 정하려고 "불철주야 맹렬히 일하"기 시작했다(MC 272). 그는 800쪽이 넘는 『자본론』 초고를 6개월 만에 썼다. 초고는 『자본론』의 최종 형태보다 훨씬 많은 분야를 아우르는 야심 찬 기획이었다. 1859년에 마르크스는 경제학에 대한 저술의 일부를 『정치경제학 비판을 위하여』라는 제목으로 출간했다. (자신의 지적 발전을 요약한 유명한 서문을 제외하면) 마르크스의 독창적 사상이 별로 담겨 있지 않았던 이 책은 거의 주목받지 못했다.

마르크스는 더 독창적인 나머지 부분의 출간을 준비해야 할 시기에 (으레 그랬듯) 좌익 정치인이자 편집자 카를 포크트와 싸움을 벌였다. 마르크스는 포크트가 프랑스 정부에 고용되었다고 주장했다. 포크트는 소송을 제기했으며 마르크스가 위조범이자 협박범이라고 말했다. 마르크스는 포크트를 풍자적으로 비판한 200쪽짜리 책으로 응수했다. 몇 해 뒤에 마르크스가 옳았음이 밝혀졌으나, 18개월간 소송을 벌이면서 거액을

탕진하는 바람에 그동안은 중요한 글을 하나도 쓰지 못했다.

마르크스의 경제학 서적 집필이 지지부진한 데에는 더 심각한 이유가 있었다. 1864년 런던의 한 대중 집회에서 (훗날 제1인터내셔널로 알려지는) 국제노동자협회가 결성된 것이다. 마르크스는 참석 요청을 수락했으며 총회 위원으로 선출되면서 정치 활동을 재개했다. 마르크스는 뛰어난 지성과 인간적 매력으로 금세 협회의 주요 인물이 되었다. 그는 창립 선언문과 정관을 작성했다. 물론 제1인터내셔널 잉글랜드 분파의 기반을 이루는 조합주의자들과는 상당히 달랐으나 드물게도 외교력을 발휘하여 차이를 해소하고 협회의 노동자 계급 회원들을 자신의 장기적 전망 쪽으로 끊임없이 끌어들였다.

1867년에 마르크스는 마침내 『자본론』 제1권을 완성했다. 이번에도 첫 반응은 실망스러웠다. 마르크스의 친구들은 열광했으며 서평이 실리도록 하려고 온갖 애를 썼다. 엥겔스 혼자만도 독일의 일곱 개 신문에 저마다 다른—하지만 늘 호의적인—일곱 편의 서평을 썼다. 『자본론』이 널리 인정받기까지는 시간이 오래 걸렸다. 마르크스가 유명인이 된 것은 『자본론』이 아니라 1871년에 출간한 『프랑스 내전』 덕분이었다. 이 책은 파리 코뮌 문제에 대하여 제1인터내셔널 명의로 발표한 담화문이었다. 파리 코뮌은 (프랑스가 프로이센에 패한 뒤) 파리 시를 점령하여 두 달간 통치한 노동자 봉기를 일컫는다.

제1인터내셔널은 이 사건과 관련하여 사실상 아무 일도 하지 않았지만 대중은 제1인터내셔널이 파리 코뮌과 연계되었다고 생각했다. 마르크스의 담화문은 국제적인 공산주의 음모가 있으리라는 초창기의 의심에 불을 지폈으며 마르크스 자신도 즉시 악명을 얻었다. 그는 친구에게 "20년간 굴속에서 지루한 전원생활을 한 내게는 정말로 좋은 일"이라고 말했다(MC 374).

파리 코뮌이 모진 탄압을 받으면서 제1인터내셔널도 힘이 약해졌다. 물밑에서 부글거리던 반목이 수면 위로 올라왔다. 1872년 대회에서 마르크스는 실권을 잃었다. 총회의 권한을 제한하는 조치가 그의 강력한 반대에도 불구하고 시행되었다. 마르크스는 협회가 적의 손에 들어가는 것을 보느니 총회 본부를 뉴욕으로 옮기자고 제안했다. 그의 제안은 가까스로 통과되었다. 마르크스도 예상했겠지만 이것은 제1인터내셔널의 종언을 뜻했다. 당시의 통신 수준을 감안하면 유럽의 조직을 대서양 너머에서 운영한다는 것은 도무지 현실성이 없었기 때문이다.

마지막 10년

이제 마르크스는 54세가 되었으며 건강도 나빴다. 그의 마지막 10년은 평탄했다. 유산을 더 받아서 가난의 위협에서는 완전히 벗어났다. 여러 면에서 마르크스 가족의 삶은 여느 풍족한 부르주아 가족을 닮았다. 그들은 큰 집에서 살았고 많은 돈을 들여 집안을 단장했으며 자녀를 기숙학교에 보냈고 유럽 대륙의 고급 온천에서 휴양했다. 심지어 마르크스는 자신이 주식 거래로 돈을 벌었다고 주장하기도 했다. 하지만 계속해서 엥겔스에게 후원을 요청하고 돈을 받아냈다.

마르크스의 사상은 마침내 널리 전파되었다. 1871년이 되자 『자본론』은 재판을 찍어야 했다. 그의 사상은 러시아 혁명가들에게 매우 인기가 있었으며 1872년에 『자본론』 러시아어판이 출간되었다. 마르크스가 검수한 프랑스어판도 곧 뒤따랐다. 『자본론』은 마르크스 생전에 영어로 번역되지는 않았지만—그의 여느 책과 마찬가지로 독일어로 쓰였다—영어권에서도 마르크스의 명성이 커져 '현대 사상의 지도자들'이라는 소책자 시리즈에 이름이 실리기도 했다. 마르크스와 엥겔스는 유럽 전역의 혁명가들과 편지를 주고받으면서 의견을 교환했다. 마르크스는 그 밖의 시간에는 『자본론』 제2권과 제3권을 간간이 썼지만 결코 출간에 이르지는 못했다. 이 임무는 마르크스 사후에 엥겔스 몫이 되었다. 예정되어 있던 제4권은 집필되지 못한 채였다.

마르크스가 최후의 주요 저작을 쓰게 된 계기는 1875년 독일의 도시 고타에서 열린 대회였다. 대회의 목표는 서로 경쟁하는 독일의 사회주의 정당들을 통합하는 것이었으며 이를 위해 공동 강령이 작성되었다. 강령 작성자들은 마르크스와 엥겔스에게 전혀 의견을 묻지 않았으며 마르크스는 많은 조항이 과학적 사회주의에서 일탈한 것에 분개했다. 그는 강령에 대한 비판적 논평을 썼으며 이것을 독일의 사회주의 지도자들에게 배포하려고 했다. 이 「고타 강령 초안 비판」은 마르크스 사후에 출간되었는데, 마르크스가 미래 공산주의 사회의 조직을 언급한 드문 저작으로 손꼽힌다. 하지만 당시에 마르크스의 비판은 거의 영향을 끼치지 못했으며, 계획된 통합은 그의 사상과 전혀 부합하지 않는 강령을 토대로 진행되었다.

만년에 마르크스는 명성이 높아지면서 만족했을지도 모르지만 그보다 큰 개인적 슬픔을 겪어야 했다. 큰딸 예니와 둘째 딸 라우라는 결혼하여 자녀를 낳았으나 라우라의 아이 셋은 아무도 세 살을 넘기지 못했다. 예니의 첫째 아이도 젖먹이 때 죽었지만, 그 뒤로 낳은 다섯 명은 한 명을 빼고는 모두 성년기까지 살아남았다. 하지만 1881년에 마르크스가 지극히 사랑한 아내 예니가 오랜 투병 끝에 세상을 떠났다. 마르크스는 아프고 고독했다. 1882년에 딸 예니가 중병에 걸려 1883년 1월에 죽었다. 마르크스는 이 상실을 결코 이겨내지 못했다. 그는 기관지염에 걸려 1883년 3월 14일에 세상을 떠났다.

제 2 장

청년헤겔학파

헤겔의 정신현상학

마르크스는 학업을 위해 베를린에 도착한 지 1년 남짓 지난 뒤에 아버지에게 보낸 편지에서 자신이 "현재의 철학에 딱 달라붙"어 있다고 말했다(MC 25). 이 '현재의 철학'이란 헤겔의 철학이었다. 헤겔은 1818년부터 1831년 죽을 때까지 베를린 대학교에서 가르쳤다(그림 4 참조). 몇 해 뒤에 프리드리히 엥겔스는 자신과 마르크스의 사상을 형성하던 시기에 헤겔이 끼친 영향을 이렇게 서술했다.

> 헤겔의 체계〔는〕 종래의 어떠한 체계와도 비교할 수 없으리만큼 광범한 영역을 포괄하고 있으며, 오늘날에 와서도 세상 사람들을 놀라게 하는 사상적 부(富)를 이 영역에서 발전시켰〔다〕. (…)

4. G. W. F. 헤겔(1770~1831). 그의 역사관은 마르크스에 의해 변형되었다.

헤겔의 체계가 철학에 물든 독일의 분위기에 얼마나 거대한 영향을 주었겠는가 하는 것은 이해하기 어렵지 않다. 그것은 수십 년 동안이나 계속되어왔고, 헤겔이 죽은 후에도 좀처럼 진정될 줄 모르던 하나의 개선 행진이었다. 진정되기는커녕 도리어 1830년부터 1840년에 이르는 시기에는 "헤겔풍"의 독점적 지배가 절정에 달하여 많든 적든 헤겔의 적대자들까지도 감염시키고 있었다.

마르크스가 1837년에 딱 달라붙어 있던 이 철학은 평생 동안 그의 사상에 영향을 끼치게 된다. 훗날 그가 헤겔의 『정신현상학』을 "헤겔 철학의 진정한 탄생지요 비밀"이라고 묘사한 만큼(*EPM* 107), 이 길고 모호한 저작은 마르크스를 이해하기 위한 출발점이다.〔『경제학-철학 수고』(이론과실천, 2009) 187쪽〕

'정신'을 일컫는 독일어 단어 '가이스트(Geist)'는 '마인드(Mind) 또는 '스피릿(Spirit)'으로 번역되기도 한다. 헤겔은 이 단어로 우주의 영적 측면을 일컫는데, 그의 저작에서 이것은 일종의 우주적 정신이다. 나의 정신, 여러분의 정신, 나머지 모든 의식 있는 존재의 정신은 이 우주적 정신의 특수하고 제한적인 현현(顯現)이다. 헤겔이 이 우주적 정신을 기독교의 신을 이해하는 방법으로 생각했는지 범신론적으로 신을 세계 전체와 동일시했는지를 놓고 많은 논쟁이 벌어졌다. 이 물음에 정답은 없지만, 이 우주적 정신을 **정신**이라고 도드라지게 표기해서 우리의 특수한 정신과 구별하면 적절하고도 편리할 것이다.

『정신현상학』은 **정신**의 발전 과정을 추적하는데, 이 **정신**은 처음 나타났을 때는 의식적이되 자의식적이지도 자유롭지도 않은 개별적 정신들이지만 결국 자유롭고 온전히 자의식적인 통일체로서의 **정신**이 된다. 이 과정은 순전히 역사적이지도 순전히 논리적이지도 않은, 둘의 기묘한 조합이다. 역사가 단순히 한 사건에서 다른 사건으로의 연결이 아니라 논리적으로 필연적인 경로—최종 목표에 이르려면 반드시 거쳐야 하는 경로—를 따르는 **정신**의 진보임을 헤겔이 보이려 한다고 말할 수도 있을 것이다.

정신의 발전은 **변증법적**이다. 이 용어가 마르크스를 연상시키게 된 것은 그의 철학이 '변증법적 유물론'으로 불렸기 때문이다. 마르크스 이론의 변증법적 요소는 헤겔에게서 비롯된 것이므로, '변증법'이 무엇인지 알려면 헤겔을 들여다보아야 한다.

『정신현상학』에서 가장 유명한 부분은 주인과 노예의 관계를 묘사하는 구절일 것이다. 그 글은 헤겔이 말하는 변증법이 무슨 뜻인지 잘 보여주며, 거기에 소개된 아이디어는 자본가와 노동자의 관계에 대한 마르크스의 견해에도 반영되어 있다.

독립적인 사람 두 명이 있다고 해보자. 둘은 자신이 독립적임은 알고 있지만 단일한 우주적 **정신**의 측면들로서 공통된 성격이 있음은 알지 못한다. 둘은 서로를 경쟁자로, 즉 나머지 모든 것에 권력을 행사하지 못하도록 하는 제약으로 여긴다. 따라서 이 상황은 불안정하다. 그러면 투쟁이 일어나 한쪽이 다른 쪽을 정복하여 노예로 삼는다. 하지만 주인/노예 관계도 불안정하기는 마찬가지다. 처음에는 주인이 모든 것이고 노예는 아무것도 아닌 것처럼 보이지만, 일을 하고 자신의 일로써 자연 세계를 바꾸는 것은 노예다. 이렇듯 노예가 자신의 본성과 의식이 자연 세계보다 우월함을 입증함으로써 만족을 얻고 자의식을 발달시키는 반면에 주인은 노예에게 의존하게 된다. 따라서 헤겔이 보기에 이 과정의 궁극적 결말은 노예가 해방되어 두 독립적 존재의 최초 갈등이 극복되는 것일 수밖에 없다.

이것은 『정신현상학』의 일부를 요약한 것에 불과하며, 책 전체는 모순이나 대립을 넘어서는 **정신**의 발전 과정을 따라간다. **정신**은 본디 우주적이지만, 개개인의 정신이라는 제한적 형태일 때는 자신의 우주적 본성을 인식하지 못한다. 즉, 개개인은 자신이 단일한 우주적 **정신**의 일부임을 알지 못한다. 헤겔은 이 상황을 일컬어 **정신**이 자신으로부터 '소외'되었다고 말한다. (**정신**의 현현인) 사람들은 (역시나 **정신**의 현현인) 다른 사람들을 낯설고 적대적이며 외부적인 존재로 여기지만, 사실 그들 모두는 똑같은 총괄적 전체의 일부다.

정신은 소외된 상태에서는 자유로울 수 없다. 자신의 완벽한 발전을 가로막는 대립과 장벽에 부딪히는 것처럼 보이기 때문이다. **정신**은 사실 무한하고 총괄적이기에, 대립과 장벽은 겉모습에 불과하다. **정신**이 자신의 참모습을 인식하지 못하고 자신의 일부를 자신에게 외부적이고 적대적인 것으로 여긴 결과인 것이다. 겉보기에 외부적인 이 힘들은 **정신**의 자유를 제약한다. **정신**이 자신의 무한한 힘을 알지 못하면 이 힘을 발휘하여 자신의 계획에 따라 세계를 조직화할 수 없기 때문이다.

헤겔 철학에서 **정신**의 변증법적 발전 과정은 늘 자유를 향해 나아가는 과정이다. 그는 "세계사란 자유 의식이 앞으로 나아가는 과정"이라고 썼다.〔『역사철학강의』(동서문화사, 2008) 28쪽〕 따라서 『정신현상학』은 처음에는 적대적 세계를 무작정 더듬다가 자신이 우주의 주인임을 깨닫고서 마침내 자기지식과 자유를 얻는 **정신**의 역사를 되밟는 철학적 대서사시다.

세계 역사에 대한 이 관점은 (평범한 저술가에게는 당혹스러웠을) 기묘한 결론으로 이어진다. 모든 역사가 **정신**이 자신의 본성을 이해한다는 목표를 향해 나아가는 이야기라면 이 목표는 최종적으로 『정신현상학』 자체의 완성을 통해 달성된다. 헤겔의 정신 속에서 표현되는 **정신**이 자신의 본성을 파악하면 자유를 향한 정신 발전 과정이 절정에 이르며 이로써 역사는 종지부를 찍는다. 따라서 헤겔은 자신이 역사의 끝에 서 있다고 생각했다.

우리가 보기엔 말도 안 되는 소리 같다. 철학과 역사를 사변적으로 섞은 헤겔의 작업은 오랫동안 인기가 없었다. 하지만 마르크스가 젊었을 때는 매우 진지하게 받아들여졌다.

젊은 마르크스는 어떻게 헤겔을 변형했는가

마르크스를 이해하려면 『정신현상학』이 꽤 그럴듯하다고 여기는 것이 중요하다(우주적 정신이 만물의 궁극적 실재라는 관념은 거부하더라도). 우리는 '우주적 정신'을 모든 인간 정신을 뭉뚱그려 일컫는 집합 명사로 간주할 수 있다. 그러면 인간 자유에 이르는 길이라는 관점에서 『정신현상학』을 다시 쓸 수 있다. 이렇게 되면 정신의 서사시는 자유를 향한 인간 진보의 서사시가 된다.

헤겔이 죽고 10년 뒤에 청년헤겔학파로 알려진 일군의 철학자들이 헤겔의 사상을 바로 이런 식으로 재해석하려 했다. 헤겔의 정통적 해석은 인간 사회란 정신이 세계에 현현한 것이기 때문에 모든 것이 그 자체로 옳고 합리적이라는 것이었다. 헤겔의 저작에는 이 견해를 뒷받침하도록 인용할 수 있는 구절이 얼마든지 있다. 심지어 이따금 헤겔은 프로이센을 **정신**의 지고한 화신으로 여기는 것처럼 보이기도 한다. 프로이센이 그에게 철학 교수 임금을 지급했기 때문에, 더 급진적인 청년헤겔학파가 헤겔의 이 구절들이 헤겔 자신의 사상을 배신했다고 여긴 것은 놀랄 일이 아니다. 그중에 마르크스도 있었다. 그는 박사 논문에서 이렇게 썼다. "어떤 철학자가 정말로 타협했다면, 제자들의 임무는 스승의 사상이 겉으로 드러난 표현을 규명할 때 그 사상의 내적 핵심을 길잡이로 삼는 것이다"(D 17. 『데모크리토스와 에피쿠로스 자연철학의 차이』(그린비, 2010) 61~62쪽. 옮긴이 재번역).

청년헤겔학파가 보기에 헤겔 철학의 '겉으로 드러난 표현'은 19세기 초 프로이센의 정치적·종교적·사회적 상태에 대한 헤겔의 수용이었으며 '내적 핵심'은 **정신**이 소외를 극복한다는 헤겔의 설명이었다(이것은 자기이해와 자유의 달성을 가로막는 환각으로부터 스스로를 해방시키는 인간 자의식에 대한 설명으로 재해석되었다).

마르크스는 베를린에서 공부하던 시절과 이후 한두 해 동안 신학자이자 청년헤겔학파의 주도적 인물인 브루노 바우어와 친하게 지냈다. 바우어의 영향을 받은 마르크스는 정통 종교를 인간의 자기이해를 가로막는 주된 환각으로 치부했다. 이 환각에 맞서는 주된 무기는 철학이었다. 마르크스는 박사 논문 머리말에 이렇게 썼다.

> 철학은 그것을 비밀로 하지 않는다. 프로메테우스의 고백: (…) 〔"간단히 말해 (내 선행을 부당하게 악으로 갚는) 모든 신을 나는 증오한다.〕 이것은 최고의 신성으로서 인간의 자기의식을 인정하지 않는 천상과 지상의 모든 신들에 대한 철학 자신의 고백이며 선언이다. 어떤 것도 그것〔자기의식〕과 나란히 존재할 수 없다. (D 17. 『데모크리토스와 에피쿠로스 자연철학의 차이』 19~20쪽)

바우어와 마르크스는 청년헤겔학파의 일반적 방법에 따라 헤겔 자신의 종교 비판을 이용해 더 급진적인 결론에 이르렀다. 헤겔은 『정신현상학』에서 기독교가 특정 발달 단계에서 소외의 형태를 띤다고 말했다. 신은 하늘에서 다스리지만 인간은 열등하고 상대적으로 무가치한 '눈물의 골짜기'에서 살아가기 때문이다. 따라서 인간 본성은 불멸하고 천상적인 본질과 비본질적이고 필멸하고 세속적인 화신 사이에서 분열된 듯 보인다. 그리하여 개개인은 몸을 떠나 다른 세계에 들어선 뒤에야 자신을 완성된 존재로 여긴다. 그들은 필멸의 존재로부터, 또한 (자신이 실제로 살아가는) 세계로부터 소외되어 있다.

헤겔은 이것을 **정신**의 자기소외에서 그저 지나가는 단계로 치부하여 그로부터 현실적 결론을 전혀 이끌어내지 않았다.

하지만 바우어는 이것이 인간의 자기소외를 나타낸다고 더 폭넓게 재해석했다. 그는 신이 독립적 존재—인간이 스스로를 '최고의 신성'으로 여기는 것을 불가능하게 하는 존재—인 것처럼 보이지만 이 신을 창조한 것은 인간이라고 주장했다. 이 철학적 결론은 현실적 임무를 동반했다. 그것은 종교를 비판하는 임무와, 신이 인간의 피조물임을 밝힘으로써 신에 대한 인간의 종속을 끝장내고 인간을 자신의 참된 본성으로부터의 소외에서 해방시키는 임무다. 청년헤겔학파는 헤겔의 철학에 매료되었지만, 그의 철학이 신비주의적으로 서술되었으며 불완전하다고 생각했다. 헤겔 철학이 의미를 가지려면 **정신**의 신비로운 세계 대신 물질세계의 관점에서 다시 쓰여야 했다. 청년헤겔학파는 '**정신**'을 '인간 자의식'을 뜻하는 것으로 재해석했다. 그리하여 역사의 목표는 인류의 해방으로 바뀌었으나 이를 성취하려면 종교의 환각을 극복해야 했다.

제 3 장

신에서 화폐로

포이어바흐의 종교 비판

루트비히 포이어바흐는 헤겔의 방법을 종교에 맞서는 무기로 탈바꿈시키는 작업을 브루노 바우어보다 더 단호히 추진했다.

훗날 프리드리히 엥겔스는 포이어바흐에게 명성을 가져다준 저작의 영향력을 이렇게 평했다. "그러한 때에 포이어바흐의 저서 『기독교의 본질 Das Wesen des Christentums』이 나왔다. (…) 이 저서의 해방적 작용은 그것을 체험한 사람이 아니고서는 상상할 수 없을 것이다. 누구나 다 흥분에 휩싸여 있었다. 우리는 모두 순식간에 포이어바흐주의자가 되었다."(『루트비히 포이어바흐와 독일 고전철학의 종말』(돌베개, 1994) 33쪽) 바우어와 마찬가지로 포이어바흐도 종교를 소외의 형태로 규정했다. 그에 따르면 신은 인류의 본질이 외화되어 외부 실재에 투사된 것이다. 지혜, 사랑, 박애—이 모든 것은 사실 인류의 특징이지만 우리는 이것을 정제된 형태로 신에게 돌린다. 하지만 이런 식으로 신의 개념을 풍성하게 할수록 우리 자신은 앙상해진다. 해결책은 신학이 잘못 서술된 일종의 인류학임을 깨닫는 것이다. 우리가 신에 대해 믿는 것은 사실 우리 자신에 해당한다. 이렇게 하면 인류는 종교 때문에 잃어버린 자신의 본질을 되찾을 수 있다.

『기독교의 본질』은 마르크스와 엥겔스가 처음 만나기 두 해 전인 1841년에 출간되었다. 마르크스는 이 책에 대해 엥겔스만큼 감명받지는 않았을 것이다. 바우어를 통해 비슷한 사상을 이미 접했기 때문이다. 하지만 포이어바흐의 이후 저작, 특히 『철학을 개혁하기 위한 예비 테제들Vorlaufige Thesen zur Reformation der Philosophie』은 마르크스에게 결정적 영향을 끼쳤으며 그 덕에 마르크스는 사상의 발전에서 중요한 다음 단계로 도약할 수 있었다.

포이어바흐의 이후 저작들은 종교 비판을 넘어서 헤겔 철학 자체의 비판으로 나아갔다. 하지만 이것은 기묘한 형태의 헤겔 비판이었다. 여전히 헤겔을 변형하고 헤겔의 방법을 이용하면서 헤겔의 방식에 속한 모든 철학에 맞섰기 때문이다. 헤겔은 **정신**을 역사 속에서 움직이는 힘으로, 인간을 **정신**의 현현으로 간주했다. 포이어바흐에 따르면 이것은 인간의 본질을 인간 바깥에 두는 것이며 종교와 마찬가지로 인간을 그 자신으로부터 소외시킨다.

범위를 넓히자면 헤겔을 비롯한 독일의 관념철학자들은 영혼, 정신, 신, 절대자, 무한 같은 관념에서 출발했다. 그들은 이런 것들을 궁극적 실재로 간주했으며 평범한 인간과 동물, 탁자, 막대기, 돌 같은 유한하고 물질적인 세계의 만물은 영적 세계의 제한되고 불완전한 표현으로 치부했다. 포이어바흐는 이를 뒤집어 철학이 유한하고 물질적인 세계에서 출발해야 한다고 주장했다. 사유가 존재에 선행하는 것이 아니라 존재가 사유에 선행한다.

그리하여 포이어바흐는 신이나 사유가 아니라 인간을 철학의 중심에 두었다. 포이어바흐에 따르면 자유를 얻으려고 소외를 극복하는 **정신**의 진보에 대한 헤겔의 이야기는 종교와 철학 자체의 소외를 극복하는 인간의 진보를 신비주의적으로 표현한 것이었다.

경제적 선회

마르크스는 헤겔을 땅으로 끌어내린다는 발상을 받아들였으며 헤겔의 방법을 이용하여 인간이 처한 당대의 물질적·경제적 조건을 공격하기 시작했다. 〈라인 신문〉 편집인을 지내던 짧은 시기에 마르크스는 헤겔 철학의 신선놀음에서 벗어나 검열, 이혼, 고목(枯木) 채집을 금지하는 프로이센 법률, 모젤 포도 농민의 곤궁처럼 더 현실적인 사안을 다뤘다. 신문이 탄압을 받자 마르크스는 철학으로 돌아와 포이어바흐의 변형 방법을 (일반인들이 겪는 사회적·경제적 문제에 중점을 두고서) 헤겔의 정치철학에 적용했다.

이 시점(1843년)에 마르크스의 사상은 사회주의적이라기보다는 자유주의적이었으며 그는 여전히 의식의 변화만으로 사회 현실을 개선할 수 있다고 생각했다. 단명한 〈독불 연보〉에서 함께 일한 동료 청년헤겔학파 아르놀트 루게에게 보낸 편지에서 마르크스는 이렇게 말했다. "인간의 존엄에 대한 감정인 자유를 다시 이 사람들에게서 일깨워야 합니다. 이 감정만이 사회를 다시 인간의 공동체로 탈바꿈시켜 지고한 목표인 민주주의 국가를 달성할 수 있습니다." 그 뒤에 루게에게 보낸 편지에서는 자신들의 협력 사업을 언급했다.

> 우리 잡지의 경향을 한마디로 요약하면 투쟁과 소망에 대한 우리 시대의 자기이해입니다(자기이해는 비판철학과 동일합니다). 이것은 세계를 위한 과업이자 우리를 위한 과업입니다. 이 과업을 이루려면 힘을 합쳐야만 합니다. 관건은 오로지 고백입니다. 인류가 죄를 용서받으려면 자신을 있는 그대로 묘사하기만 하면 됩니

다. (R 45)

이 시점까지 마르크스는 포이어바흐를 따라 헤겔을 정신이 아닌 인간의 철학자로 재해석했다. 하지만 마르크스의 인간관은 인간의 정신적 측면과 사유, 의식에 초점을 맞췄다. 마르크스는 훗날 삶의 물질적·경제적 조건을 강조하게 되는데, 이러한 변화의 첫 징조는 「유대인 문제에 관하여」라는 제목의 1843년 논문에서 찾아볼 수 있다. 이 논문은 유대인의 민권과 참정권 문제에 대해 브루노 바우어가 쓴 두 편의 글을 비평한다.

마르크스는 바우어가 유대인 문제를 종교 문제로 치부하는 것에 반대한다. 우리가 고려해야 하는 것은 안식일을 지키는 유대인이 아니라 세속적 유대인이라는 것이다. 마르크스는 유대인이 돈과 거래에 집착한다는 고정관념을 받아들여 유대인이 이른바 "시민 사회의 유대주의"—일반적으로 거래와 금전적 이익이 사회를 지배하는 현상—의 특수한 현현에 불과하다고 말한다. 따라서 유대주의의 '문제'를 없애는 방법은 돈과 (그로부터 파생되는) 거래가 철폐되도록 사회를 재편하는 것이라고 마르크스는 주장한다.

마르크스가 우리의 동시대인이었다면, 유대인이 돈이나 거래에 대해 남들보다 더 관심을 가진다는 견해가 공정하거나 정확한가를 그가 문제삼지 않은 것이 당혹스러울 것이다. 하지만 당시 유럽에서는 이런 견해가 널리 받아들여지고 있었다. 어쩌면 마르크스는 반유대주의가 팽배한 사회에서 자신이 유대인 출신임을 드러내고 싶지 않았는지도 모른다. 이유야 어떻든 그의 논문은 반유대주의 문제에 대한 감수성이 결여되어 있으나, (일각의 주장처럼) 마르크스 자신이 반유대주의자였다는 증거는 찾아볼 수 없다. 마르크스의 목적은 '유대인 문제'를 일반적 사회 문제로 논의하는 것이 아니라 어떻게 사회를 개혁할 것인가에 대한 예시로 활용하는 것이었다. 마르크스 사상의 발전과 관련하여 이 논문의 중요성은 마르크스가 처음으로 종교가 아니라 경제생활을 인간 소외의 주된 형태로 간주했다는 사실에 있다. 하지만 또다른 독일인 저술가 모제스 헤스가 포이어바흐의 개념을 이미 이 방향으로 전개한 바 있었다. 엥겔스 말마따나 헤스는 "철학적 경로"로 공산주의에 도달한 최초의 인물이다. (어느 정도 철학적인 초기 공산주의자는 물론 그전에도 많았지만, 엥겔스가 말한 것은 **헤겔** 철학의 경로였다.) 이제 마르크스도 같은 경로를 따랐다. 그는 인간 자유를 어떻게 성취할 수 있는지 밝히기 위해 포이어바흐처럼 헤겔을 변형했다. 「유대인 문제에 관하여」에서 인용한 다음 문장은 바우어, 포이어바흐, 또는 종교를 비난하던 한두 해 전의 마르크스 자신과 똑같이 읽힌다(그들이 '신'이라고 썼을 부분을 마르크스가 '화폐'로 바꾼 것만 빼면).

> 화폐는 보편적인, 그 자체로 구성된 모든 사물의 가치이다. 때문에 화폐는 세계 전체에서, 인간 세계 및 자연에서 그들이 지닌 고유한 가치를 강탈했다. 화폐는 인간에게 낯선 인간 노동의 본질이자, 인간에게 낯선 인간 현존의 본질이다. (J 67-8. 『유대인 문제에 관하여』(책세상, 2015) 70쪽)

마지막 문장은 앞으로의 행보를 보여준다. 첫째, 바우어와 포이어바흐를 비롯한 청년헤겔학파는 종교를 소외된 인간 본질로 여기며 기독교를 비판적으로 연구하여 이 소외를 종식하고자 한다. 그런 다음 포이어바흐는 종교를 넘어서서, 인간 본성의 물질적 측면이 아니라 정신적 측면에 치중하는 철학은 모두 일종의 소외라고 주장한다. 이제 마르크스는 인간 자유를 가로막는 걸림돌은 종교도 철학도 아닌 화폐라고 주장한다. 다음 단계는 당연히 경제학에 대한 비판적 연구다. 마르크스는 이 작업을 시작한다.

하지만 이 과정을 살펴보기 전에 마르크스의 저작에서 또 다른 핵심 요소가 등장하는 것에 잠시 주목해야 한다. 이 요소는 경제학과 마찬가지로 그의 사상과 활동에서 중심을 차지하게 된다.

제 4 장

프롤레타리아트에게로

철학의 물질적 무기

앞에서 보았듯 마르크스가 편집하던 신문을 프로이센 정부가 탄압하자 그는 헤겔의 정치철학을 비판하는 작업을 시작했다. 1844년에 〈독불 연보〉에 발표한 글의 제목은 「헤겔 법철학의 비판을 위하여. 서설」이었다. 이 서설의 본문이 될 비판은 마르크스 사후까지도 발표되지 않았지만, 「서설」은 「유대인 문제에 관하여」와 더불어 마르크스주의의 길에 이르는 이정표로 우뚝 서 있다. 장차 실현될 향후 인간성 회복에서의 결정적 역할을 노동자 계급에 처음으로 맡긴 것이 바로 이 글에서이기 때문이다.

「서설」의 도입부에서는 바우어와 포이어바흐가 종교를 공격한 논지를 요약한다. 이 부분은 경구들로 유명한데, 종교를

'인민의 아편'으로 묘사한 구절이 특히 즐겨 인용된다. 이 구절은 대개 단순히 종교를 공격하는 것으로 해석되지만, 전체 문장을 읽으면 더 풍부한 의미가 드러난다. "종교는 곤궁한 피조물의 한숨이며, 무정한 세계의 감정이고, 또 정신 없는 상태의 정신이다. 종교는 인민의 아편이다."(『칼 맑스 · 프리드리히 엥겔스 저작 선집 1』 2쪽) 마르크스는 종교를 세계의 억압과 무정함에 대한 대응이되 부적절한 대응으로 묘사한다. 억압 자체에 도전하지 않고 그저 고통을 잊게 할 뿐이기 때문이다.

그 뒤에 "인간의 자기소외의 신성한 형태가 폭로된 뒤에 그 신성하지 않은 형태(이를테면 법과 정치)들 속의 자기소외를 폭로하는 것은 (…) 철학의 임무"라는 친숙한 구절이 이어진다. 마르크스는 "어느 한 순간도 자기기만과 단념을" 독일 민족에 허용하지 않기 위해 독일의 조건을 더욱 비판해야 한다고 주장한다. 하지만 처음으로 마르크스는 비판만으로는 충분하지 않다고—바우어와 포이어바흐의 견해와 대조적으로—주장한다.

> 비판의 무기는 무기의 비판을 대신할 수 없다. 물질적 힘은 물질적 힘에 의해 전복되어야 한다. 그러나 이론 또한 대중을 사로잡자마자 물질적 힘이 된다. (I 77)

마르크스는 대중의 역할을 처음으로 인식하면서 이 역할을 (프랑스에는 적용할 수 없는) 독일 상황의 특수한 성격으로 간주한다. 아마도 프랑스가 이미 두 번의 혁명—1789~1799년의 혁명과 1830년 혁명—을 겪었다는 이유로 마르크스는 이렇게 주장한다. "프랑스에서는 국민의 각 계급들이 **정치적 이상주의자**이며, 무엇보다도 자신을 특수한 계급으로가 아니라 사회적 욕구 일반의 대표자로 느끼고 있다." 이에 반해 독일에서는 실천적 삶이 '몰정신적'이어서 어떤 계급도 "자신의 **직접적** 처지에 의해서, **물질적** 필연성에 의해서, 자신의 **사슬 자체**에 의해서 강요받기 전에는" 어떤 계급도 자유로울 수 없다. 마르크스는 "그러면 독일 해방의 적극적 가능성은 어디에 있는가?"라고 묻고는 이렇게 대답한다.

> 〔그 가능성은〕 뿌리깊은 굴레에 얽매여 있는 한 계급, (…) 자신의 보편적 고통 때문에 보편적 성격을 지니고 있고 (…) 인간의 완전한 상실이고 따라서 인간의 완전한 되찾음에 의해서만 자기 자신을 찾을 수 있는 한 영역의 형성에 〔있다〕. 하나의 특수한 신분으로서의 사회의 이와 같은 해체는 〔바로〕 프롤레타리아트이다. (I 81)

프롤레타리아트는 고대 로마의 최하층 시민 계급이었다. 마르크스는 이 용어로 산업 사회의 노동자 계급을 일컫는다. 그들은 재산을 소유하지 못하여 자신의 노동을 팔아 살아간다. 마르크스는 헤겔 철학을 변형함으로써 이제 이 계급에게서 중대한 역할을 발견한다. "철학이 프롤레타리아트 속에서 그 물질적 무기를 발견하듯이, 프롤레타리아트는 철학 속에서 자신의 정신적 무기를 발견한다." 그러고는 이렇게 명토 박는다. "프롤레타리아트의 지양 없이 철학은 자기를 실현할 수 없으며, 철학의 실현 없이 프롤레타리아트는 자신을 지양할 수 없다"(I 81-2).

여기 인간 소외의 문제에 대한 새로운 해결책의 맹아가 있다. 비판과 철학 이론만으로는 소외를 끝장낼 수 없다. 더 실천적인 힘이 필요한데, 이 힘은 빈곤을 강요당한 노동자 계급에 있다. 사회의 최하층 계급인 노동자 계급이 "철학을 실현"할 것이다. 이것은 (헤겔이 신비주의적으로 묘사한) 철학적·역사적 서사시의 정점을 뜻한다. 인간이 스스로에게서 소외되어 자신의 소외된 본질에 의해 노예가 된 프롤레타리아트는 새로운 급진적 철학이 이끄는 대로 이 변증법적 과정을 완성할 것이다. 재산을 소유한 중간 계급은 스스로 자유를 쟁취할 수 있지만 그 자유는 모든 인간을 위한 것이 아니다. 중간 계급은 소유권을 지키려고 타인을 그 자유에서 배제할 것이다. 하지만 재산이 없는 노동자 계급은 인간으로서의 지위 말고는 아무것도 소유하지 않기에 모든 인류를 해방시킴으로써만 자신을 해방시킬 수 있다.

저작으로 판단컨대 마르크스는 1844년 이전에는 프롤레타리아트의 존재를 거의 알아차리지 못했다. 노동자 계급이 소외의 극복에서 맡을 역할이 있다고 주장한 적이 한 번도 없는 것은 분명하다. 이제 사동(使童)에게 햄릿 역을 맡기는 영화감독처럼 마르크스는 인간성 해방을 가져올 물질적 힘을 프롤레타리아트에게 부여한다. 정신이 자신의 우주적 본성을 인식함으로써 자유를 얻는다는 역사관에서 헤겔이 자임한 역할을 빼앗은 것이다.

프롤레타리아트의 변증법적 역할

마르크스가 프롤레타리아트에 대한 이런 견해에 도달한 것은 면밀한 경제학 연구의 결과가 아니다. 그의 경제학 연구는 이제 막 시작되던 참이었다. 마르크스는 역사를 많이 읽었으나 훗날과 달리 역사적 사례를 들어 자신의 입장을 뒷받침하지는 않았다. 그가 프롤레타리아트를 중시한 이유는 역사적 · 경제적 · 과학적이기보다는 철학적이다. 인간 소외는 특정 계급의 문제가 아니라 보편적 문제이므로 그 해결책은 반드시 보편적 성격을 띠어야 하는데 프롤레타리아트야말로 철저한 빈곤 덕에 이 보편적 성격을 가졌다는 것이 마르크스의 주장이다. 프롤레타리아트는 특정 사회 계급이 아니라 전 인류를 대변한다.

상황 자체에 해소의 씨앗이 들어 있다는 것과 가장 위대한 승리는 깊은 절망으로부터 온다는 것은 헤겔과 그 추종자들의 변증법에서 친숙한 주제다. 어떤 사람은 이것이 예수가 십자가에 달려 인류를 구원한 사실을 반영한다고 말했는데, 헤겔의 유명한 주인/노예 변증법과 마르크스의 자본가 지배 계급 대 프롤레타리아트 변증법이 서로 대응한다는 사실은 쉽게 알 수 있다. 프롤레타리아트는 이 변증법적 시나리오에 딱 들어맞으며, 마르크스가 여기에 매료된 것은 자신의 철학적 목적에 부합했기 때문임은 의심할 여지가 없다. 어쨌든 그가 프롤레타리아트에게 이 역할을 처음으로 부여한 저작이 헤겔 철학 비판의 서설 아니던가.

그렇다고 해서 마르크스가 「서설」을 쓸 당시에 프롤레타리아트에 대해 아무것도 몰랐다는 말은 아니다. 그가 막 도착한 파리는 사회주의 사상이 독일보다 훨씬 발전해 있었다. 마르크스는 급진적 노동자 단체 의인동맹(Bund der Gerechten) 지도자 한 명과 같은 집에 살면서 당대의 사회주의 지도자들과 어울렸다. 그의 저작에는 프랑스의 사회주의자 노동자들에 대한 존경심이 배어 있다. 그는 이렇게 썼다. "인간의 고귀함은 고생에 찌든 몸으로부터 우리에게 빛을 발한다"(MC 79). 따라서 「서설」에서 프롤레타리아트에게 그토록 중요한 역할을 맡기는 것은 양방향의 과정이다. 하나는 마르크스가 자신의 철학에 맞게 자신의 프롤레타리아트 개념을 다듬는 것이고, 다른 하나는 노동자 계급과 그들의 혁명적 잠재력에 대해 마르크스 자신이 새로 발견한 열정에 맞게 자신의 철학을 다듬는 것이다.

제 5 장

최초의 마르크스주의

경제학 비판

이제 마르크스는 중요한 사상 두 가지를 새로 발전시켰다. 첫째는 인간 소외의 주된 형태가 철학적인 것도 종교적인 것도 아닌 경제적인 것이며 그 바탕은 물질적 필요의 충족이라는 것이다. 둘째는 자본주의 체제의 지배로부터 인간을 해방시키는 데 필요한 물질적 힘이 노동자 계급에 있다는 것이다. 하지만 이 단계에 이르기까지 마르크스는 이 논점을 (표면상으로는 다른 주제의 논문들에서) 간략하게 언급하는 것에 그쳤다. 다음 단계는 이 사상을 헤겔의 체계와 그 이전의 모든 변형 체계를 변형하고 대체할 새롭고 체계적인 세계관의 토대로 삼는 것이었다.

마르크스가 경제학을 비판적으로 연구하기 시작한 것은

1844년이다. 그의 연구는 『자본론: 정치경제학 비판』으로 정점에 이르렀는데, 『자본론』 제1권은 1867년에 출간되었으며 나머지는 마르크스 사후에 출간되었다. 따라서 마르크스가 파리에서 작성한 글—『경제학-철학 수고』로 알려졌다—은 평생 이런저런 형태로 그를 사로잡은 기획의 출발이었다.

1844년판 마르크스주의는 1932년에야 출간되었다. 원고는 연관성이 없는 여러 절로 이뤄졌으며 어떤 것은 명백히 미완성이다. 그럼에도 우리는 마르크스가 무엇을 하려 했는지 알 수 있다. 그는 서문에서 포이어바흐를 "헤겔의 『현상학』과 『논리학』 이래 현실적인 이론적 혁명을 내포한 유일한 저작"의 저자로 칭송한다(*EPM* 30. 『경제학-철학 수고』 9쪽). 그런 다음 임금의 경제학, 이윤의 경제학, 지대의 경제학에 대한 각각의 절에서 장바티스트 세와 애덤 스미스 같은 고전파 경제학의 시조들을 자유롭게 인용한다. 이런 인용의 요점은 고전파 경제학에 따르면 노동자가 상품이 되며 상품 생산은 수요와 공급의 일반 법칙을 따른다는 사실을 보여주는 것이라고 마르크스는 설명한다. 노동자의 공급이 노동 수요를 초과하면 임금이 하락하고 일부 노동자는 굶주린다. 따라서 임금은 노동자의 공급을 적절히 유지할 수 있는 최저 수준에서 정해지는 경향이 있다.

마르크스는 고전파 경제학자들에게서 또다른 논점을 이끌

어낸다. 노동자를 고용하는 사람인 자본가는 노동자의 노동을 통해 부를 쌓는다. 자본가가 부유해지는 방법은 노동자가 생산하는 가치의 일부를 가져가는 것이다. 자본은 다름 아닌 축적된 노동이다. 노동자의 노동은 고용주의 자본을 증가시킨다. 이렇게 증가한 자본은 더 큰 공장을 짓고 더 많은 기계를 사들이는 데 쓰인다. 기계가 더 정교해지면 노동 분업이 증가하여 더 많은 자영업자가 폐업한다. 이제 자영업자들은 시장에서 자신의 노동을 파는 수밖에 없다. 그러면 노동자들 사이에서 일자리를 얻으려는 경쟁이 치열해져 임금이 더 낮아진다.

마르크스는 이 모든 과정을 정통 경제학의 전제들로부터 이끌어내며 스스로는 경제학자를 자처하지 않는다. 그는 경제학이라는 학문의 수준을 뛰어넘고 싶어한다. 경제학은 사유 재산, 탐욕, 경쟁 등을 당연시할 뿐, "외적인, 우연적인 것으로 보이는 사정"이 실은 "필연적인 발전의 표현"이라는 사실에 대해서는 아무 말도 하지 않기 때문이다.(『경제학-철학 수고』 83쪽) 마르크스는 경제학자들이 외면한 거창한 물음을 던지고 싶어한다. 이를테면 "인류의 발전에서 인류의 대부분을 이렇게 추상적 노동으로 환원시키는 것은 어떤 의미가 있는가?" (마르크스가 말하는 '추상적 노동'이란 노동자 자신의 특수한 목적을 위해서가 아니라 단지 임금을 벌기 위해서 행하는 노동을 뜻한다. 따라서 신발이 필요해서 신발을 만드는 것은 추상적 노동이 아니며, 돈을 버는 방법이 우연히도 신발 만드는 일이어서 신발을 만드는 것은 추상적 노동이다.) 말하자면 마르크스는 경제 법칙의 의미를 더 심층적으로 설명하고 싶어한다.

소외된 노동

마르크스가 염두에 둔 설명은 어떤 종류일까? 답은 '소외된 노동'이라는 제목의 절에 분명히 나와 있다. 여기서 마르크스는 포이어바흐의 종교 비판을 의식적으로 염두에 두고서 경제학의 함의를 설명한다.

> 노동자가 힘들여 노동할수록 그가 자신에 대립되도록 창조한, 소원한 대상적 세계는 더욱 강력해지며, 그 자신, 그의 내적 세계는 더욱 가난해지고 그 자신의 것으로 귀속되는 것은 더욱 적어진다. 이는 종교에서도 마찬가지다. 인간이 신에 더 많은 것을 귀속시킬수록 그가 자신 안에 지니고 있는 것은 적어진다. 노동자는 자신의 생명을 대상 속으로 집어넣는다. 그러나 이제 그 생명은 그에게 속하는 것이 아니라 대상에 속하는 것이다. (…) 노동자가 자신의 생산물에서 외화된다는 것은 그의 노동이 하나의 대상으로, 하나의 외적인 현실적 존재로 된다는 것을 의미할 뿐만 아니라, 그의 노동이 그의 외부에, 그에게서 독립되고, 소원

하게 존재하며, 그에게 대립하는 자립적 힘이 된다는 것, 그가 대상에게 부여했던 생명이 그에게 적대적이고 소원한 것으로 대립한다는 것을 의미하기도 한다. (*EPM* 81. 『경제학-철학 수고』 86쪽)

마르크스의 요점을 더 간결하게 서술한 문장은 1844년 수고를 준비하면서 고전파 경제학을 공부할 때 작성한 필기에서 찾아볼 수 있다. "우리는 경제학이 사회적 교류의 소외된 형태를 인간의 본성에 부합하는 본질적이고 본원적인 형태로서 어떻게 굳히는지 알 수 있다"(M 126).

이것이 고전파 경제학에 대한 마르크스의 반론에서 핵심을 이룬다. 마르크스는 고전파 경제학자들보다 더 폭넓고 더 역사에 근거를 둔 관점에서 경제학을 들여다본다. 경제학은 사유 재산, 경쟁, 오로지 개인적 치부(致富)를 추구하는 개인 등을 전제하는 반면에 마르크스는 인간 존재의 특수한 조건인 소외 상태에서만 이 현상이 일어난다고 주장한다. 마르크스는 헤겔이 인간의 자기발전을 역사적 과정으로 파악했다고 칭송하는데, 그에 반해 고전파 경제학자들은 현재 인간 사회의 소외된 조건을 "본질적이고 본원적이고 결정적인 형태"로 간주한다. 그들은 소외가 인류 진화의 필연적이지만 일시적인 단계임을 간파하지 못한다.

다음으로 마르크스는 인류가 현재 처한 소외 상태로 눈을 돌린다. 그의 전제 중 하나는 "인간은 하나의 유적(類的) 존재"라는 것이다. 이 개념은 포이어바흐에게서 직접 따왔는데, 포이어바흐는 헤겔에게서 따왔다. 앞에서 보았듯 헤겔은 인류 발전의 역사가 단일한 **정신**의 진보이며 개개인의 정신은 **정신**의 특수한 현현이라고 주장했다. 포이어바흐는 초월적 **정신**을 배제하고 덜 신비주의적인 인간적 관점에서 헤겔을 다시 썼으나 인간이 어떤 의미에서는 통일체라는 관념을 고수했다. 포이어바흐가 보기에 이 통일성의 토대이자 인간과 동물의 본질적 차이는 인간에게는 스스로를 종으로 의식할 수 있는 능력이 있다는 것이다. 인간이 자신을 개인(여럿 중 하나)으로 바라볼 수 있는 것은 종으로서의 자기 존재를 의식하기 때문이며 인간의 이성과 힘이 무한한 것은 자신을 종으로 바라보기 때문이다. 인간이 완벽함의 일부인 것은—포이어바흐에 따르면 인간은 완벽함을 자신이 아니라 신에게 잘못 귀속시킨다—종의 일부이기 때문이다.

마르크스는 포이어바흐를 변형하여 유적 존재로서의 인간이라는 관념을 더 구체화한다. 마르크스가 보기에 "생산적 생활은 유적 생활"이다(*EPM* 90). 인간이 스스로를 유적 존재로 드러내는 것은 활동과 생산을 통해서다. 이 주장을 뒷받침하기 위해 마르크스는 동물의 생산이 거미가 거미줄을 잣듯 당장의 필요를 미리 정해진 방식으로 충족하는 것일 뿐인 데 반해 인간은 보편적 기준에 따라 생산할 수 있음을 지적한다. 인간은 당면한 필요가 전혀 없는 사물을 만들어낼 수 있으며 이를 제약하는 것은 상상력과 미감의 한계뿐이다.

이 견해에 따르면 자유로운 생산 활동이라는 의미에서의 노동이야말로 인간 삶의 본질이다. 따라서 조각상이든 집이든 천이든 이런 식으로 생산되는 것은 모두 인간 삶의 본질이 물리적 대상 속에 구현된 것이다. 마르크스는 이것을 "유적 생활의 대상화"라고 부른다(*EPM* 91). 이상적인 상황에서라면 노동자가 자유롭게 만들어낸 대상은 마음대로 가지거나 처분할 수 있는 자신의 소유물일 것이다. 하지만 소외된 노동이라는 상황에서 노동자는 자신이 생산하는 대상을 전혀 통제하지 못한다. 노동의 산물이 고용주에게 속하기 때문이다. 고용주는 이 산물을 팔아 이익을 얻어 자본을 증가시킨다. 이런 식으로 노동자의 산물은 고용주의 부와 권력을 증가시키는 데 사용된다. 이렇듯 노동자는 제 노동의 산물로부터 소외된다. 그들은 자신의 활동으로부터도 소외되는데, 그것은 자신의 노동 시간을 자본가에게 팔았기 때문이다. 자본가는 노동자를 통제하며 단순하고 반복적인 공장 노동을 장시간 강요한다. 노동자는 자신이 상상하는 대로 자유롭게 생산할 수 없으므로—마르크스는 이러한 생산이 우리를 인간 아닌 동물과 구별한다고 생각했다—자신의 유적 존재로부터 소외된다.

노동의 산물로부터 소외되고 자신의 활동으로부터 소외되고 자신의 유적 존재로부터 소외되는 이 세 가지 소외는 네번째 소외로 이어진다. 노동자에게 생산 활동은 "다른 사람[자본가인 고용주]의 지배, 강제, 질곡 아래에서 인간에게 봉사하는 활동"이 되며 이 다른 사람은 낯설고 적대적인 존재가 된다. 인간은 서로 협력하는 관계가 아니라 경쟁하는 관계가 된다. 사랑과 신뢰가 거래와 교환으로 대체된다. 인간은 서로에게서 공통된 인간 본성을 발견하지 못하고 상대방을 자신의 이기적 욕심을 채우는 수단으로 치부한다. 그리하여 인간은 공통의 인간성으로부터도 소외된다.

마르크스의 첫번째 경제학 비판은 이렇게 요약할 수 있다. 그의 견해에서 궁극적 실재는 **정신**이나 의식이 아니라 경제생활이므로 이 비판은 인간의 현재 상황에서 무엇이 잘못되었는가에 대한 설명이다. 다음 물음은 '무엇을 할 수 있는가?'다.

마르크스는 강제적 임금 인상으로 모든 것을 달성할 수 있다는 생각에 반대한다. 임금을 받기 위한 노동은 자유로운 생산 활동이 아니라 목적을 위한 수단에 불과하다. 마르크스는 임금 인상이 결코 노동자의 의의나 존엄을 회복시키지 못하는 "노예의 보수 개선"일 뿐이라고 주장한다(*EPM* 93). 마르크스가 옹호하는 것은 임금, 소외된 노동, 사적 소유를 한 방에 철폐하는 것, 한마디로 공산주의다. 그가 공산주의를 소개하는 글은 헤겔풍 서사시의 마지막 장을 방불케 한다.

> 공산주의는…… 인간과 자연 그리고 인간과 인간 사이의 충돌의 참된 해결이며, 실존과 본질, 대상화와 자기 확인, 자유와 필연성, 개체와 유(類) 사이의 싸움의 진정한 해결이다. 이 공산주의는 역사의 해결된 수수께끼이며, 자신을 이러한 해결로서 알고 있다. (*EPM* 97. 『경제학-철학 수고』 128쪽)

마르크스가 한발 더 나아가 공산주의가 어떤 모습인지 자세히 설명하리라 기대하는 사람도 있겠지만 그는 그러지 않는다. 공산주의가 마르크스의 철학에서 결정적으로 중요함에도, 그는 자신의 저작 어디에서도 공산주의 사회가 어떤 모습일지에 대한 개략적 의견 이상의 것을 제시하지 않는다. 하지만 공산주의가 어마어마한 변화를 가져올 것이라는 표현은 찾아볼 수 있다. 그는 사유 재산이 인간의 모든 감각을 퇴화시킨다고 주장한다. 보석상은 자신이 다루는 보석의 시장 가치만을 보지 그 아름다움을 보지 않는다. 사적 소유로 인한 소외 상태에서는 소유하거나 수단으로 이용하는 것 말고는 재산의 가치를 인정할 방법이 없다. 사적 소유를 철폐하면 우리의 감각이 이 소외 상태에서 해방되며 우리는 진정 인간적으로 세상을 향유할 수 있다. 음치의 귀가 듣지 못하는 풍성한 의미와

아름다움을 귀명창의 귀가 듣듯 사회적 인간의 감각은 비사회적 인간과 다를 것이다.

'최초의 마르크스주의'의 의미

'최초의 마르크스주의'의 골자는 다음과 같다. 최초의 마르크스주의는 분명 과학적 기획이 아니다(적어도 오늘날 우리가 이해하는 과학의 의미에서는). 그 이론은 꼼꼼한 관찰이나 실증적 연구에서 도출되지 않았으며 통제 실험이나 관찰에 구애받지도 않는다.

최초의 마르크스주의는 헤겔의 역사철학보다 현실적이지만 여전히 과학적 연구라기보다는 사변적 역사철학이다. 세계사의 목적은 인간의 자유다. 인간이 지금 자유롭지 못한 것은 자신의 필요를 충족하고 인간적 능력을 계발하도록 세계를 조직화할 수 없기 때문이다. 사유 재산은 인간의 창조물인데도 인간을 지배하고 노예로 만든다. 하지만 궁극적 해방은 의심할 여지가 없다. 철학적으로 필연적이기 때문이다. 혁명 이론의 당면 과제는 현상황이 해방을 향한 변증법적 과정의 한 단계임을 어떤 식으로 이해할 것인가다. 그러면 혁명 운동을 촉발하여 현단계를 끝장내고 자유의 새 시대를 열 수 있을 것이다.

1844년 이후에 마르크스가 쓴 글은 (그에게 명성을 안겨준 모든 저작을 비롯하여) 『경제학-철학 수고』의 주제를 고치고 발전시키고 확장한 것이다. 편수와 분량이 방대하기 때문에 이 저작들을 일일이 논의하는 것은 불가능하다. (게다가 반복되는 내용이 많아서 지루하기 이를 데 없다.) 그래서 이제부터는 엄격한 연대기적 서술에서 살짝 벗어나기로 한다. 우선 유물론적 역사관의 전개를 되밟을 것이다. 마르크스는 유물론적 역사관을 "내 연구의 길잡이"(P 425. 『칼 맑스 · 프리드리히 엥겔스 저작 선집 2』 477쪽)라 불렀고 엥겔스는 마르크스의 장례식 추도사에서 이를 다윈의 진화론 발견에 맞먹는 마르크스의 중요한 발견으로 치켜세웠다. 6장과 7장에서 이 주제를 다룬다. 8장에서는 (당연히 『자본론』을 중심으로) 마르크스의 경제학 저작을 살펴볼 것이다. 『자본론』은 마르크스가 유물론적 역사관에 도달한 뒤에야 쓰였기 때문에 6~8장에서는 연대기적 순서가 크게 어긋나지는 않을 것이다. 마르크스의 저작을 설명하는 마지막 장인 9장은 순서가 더 뒤죽박죽인데, 거기서는 공산주의, 혁명, (마르크스가 자본주의적 사회 형태보다 공산주의적 사회 형태를 선호한 이면의) 윤리적 원칙에 대한 마르크스의 생각을 여러 저작들로부터 재구성할 것이다.

제 6 장

역사유물론의 정립

『신성 가족』

마르크스의 첫 책은—공교롭게도 엥겔스가 참여한 첫 책이기도 하다—〈일반 문예Allgemeine Literatur-Zeitung〉에 실린 글들을 비판했다. 이 잡지는 마르크스의 친구이자 스승이던 브루노 바우어가 편집인을 맡고 있었다. 바우어의 동생이 공동 편집인이었기에 마르크스는 조롱의 의미로 책에 '신성 가족'이라는 제목을 붙였다. 이 책에 대해 가장 훌륭한 논평을 내놓은 사람은 엥겔스다. "〈일반 문예〉에 대한 우리의 조롱은 최고인데 상당 분량의 비판은 그와 사뭇 대조적일세." 그럼에도 『신성 가족』의 몇몇 구절은 『경제학-철학 수고』에서 이후의 유물론적 역사관 서술로 넘어가는 과정을 보여준다는 점에서 흥미롭다.

그중 하나는 프랑스의 사회주의자 프루동과 그의 사유 재산 비판을 옹호하는 구절이다. 마르크스는 여전히 소외의 관점에서 사유한다.

> 유산 계급과 프롤레타리아트 계급은 똑같이 인간의 자기소외(self-estrangement)를 나타낸다. 그러나 전자의 계급은 이러한 자기소외 속에서 안락함과 힘을 느낀다. 유산 계급은 소외를 '자기 자신의 힘'으로 인식하며 그 속에서 인간적 존재의 '본질'을 찾는다. 그러나 후자의 계급은 이러한 소외 속에서 절망감을 느끼고 그 속에서 자신의 무력함과 비인간적 존재의 실체를 본다. (*HF* 148. 『신성 가족』(이웃, 1990) 63쪽)

뒤에 나오는 구절에서는 유물론적 역사 이론의 맹아를 뚜렷이 볼 수 있다.

> 사실상 사유 재산은 자신의 경제적 운동 과정 속에서 자기 자신을 스스로 해소하는 방향으로 몰아가고 있다. 그러나 오로지 사유 재산만이 프롤레타리아트'로서의' 프롤레타리아트를 창출하므로, 프롤레타리아트의 정신적, 육체적 빈곤을 의식케 하는 빈곤을 창출한다. 그러므로 프롤레타리아트의 몰인간화를 의식하게 하는 몰인간화를 창출한다. (…) 이런저런 프롤레타리아, 혹

은 프롤레타리아트 전체가 당장 무엇을 자신의 목표로 '삼아야 하는가'가 중요한 것은 아니다. 문제는, '프롤레타리아트란 무엇인가', 그리고 그의 '존재'와 걸맞게 역사적으로 무엇을 수행하지 않으면 안 되는가 하는 것이다. 프롤레타리아트의 목표와 역사적 행동은 오늘날 그 자신의 삶의 상황 속에서, 그리고 오늘날 부르주아 사회의 전체 조직 속에서 이미 가시적이고도 되돌릴 수 없는 결정적인 것으로 예견되어왔다. (*HF* 149. 『신성 가족』 63~64쪽)

이 구절과 앞뒤 구절은 헤겔풍의 구조로 이루어졌다. 사적 소유와 프롤레타리아트는 헤겔식 모순의 두 측면인 '반정립(反定立)'으로 묘사된다. 이 모순은 필연적이어서 달리 전개될 여지가 없다. 사적 소유가 스스로의 존재를 유지하려면 공장을 가동하는 데 필요한 무산 노동자 계급의 존재를 유지해야 하기 때문이다. 다른 한편으로 프롤레타리아트는 비참한 상황 때문에 스스로를 철폐할 방도를 찾을 수밖에 없는데, 사적 소유를 철폐하지 않고서는 그럴 수 없다. 이로 인한 최종 결과는 사적 소유와 프롤레타리아트가 둘 다 '사라진다'—(헤겔식 표현을 쓰자면) 이전 모순을 해소하는 새로운 종합으로 '지양된다'—는 것이다.

여기에 유물론적 역사 이론의 초기 형태가 있다. 마르크스가 묘사하는 변증법적 운동의 토대는 사람들의 희망과 계획이 아니다. 그것은 사적 소유의 존재로부터 흘러나오는 경제적 명령이다. 프롤레타리아트는 자신의 고통을 의식하게 되고 그리하여 자본주의적 사회 형태를 무너뜨리려 하지만, 이 의식이 생기는 것은 오로지 프롤레타리아트가 사회 내에서 처한 현상황 때문이다. 마르크스와 엥겔스는 『독일 이데올로기』의 유명한 문장에서 이 점을 더 분명하게 표현한다. "의식이 생활을 규정하는 것이 아니라 생활이 의식을 규정한다"(*GI* 181. 『칼 맑스 · 프리드리히 엥겔스 저작 선집 1』 202쪽).

「포이어바흐에 관한 테제」

엥겔스는 훗날 『독일 이데올로기』와 유물론적 역사관의 관계를 설명했는데, 그에 따르면 "새로운 세계관의 천재적인 맹아를 내포한 최초의 문헌"은 『신성 가족』이 아니라 1845년 봄에 마르크스가 끄적인 「포이어바흐에 관한 테제」다.(『루트비히 포이어바흐와 독일 고전철학의 종말』 15~16쪽) 열한 개의 단상으로 이루어진 「테제」에서 마르크스는 자신의 유물론을 포이어바흐의 유물론과 구별한다. 이 글은 경구의 형식으로 되어 있어서 마르크스의 저작 중에서 가장 많이 인용되는 것 중 하나이지만, 마르크스의 다른 초기 미발표 저작이 등장하기 오래

전인 1888년에 엥겔스가 출간했기 때문에 가장 많이 오독되는 것 중 하나이기도 하다.

엥겔스가 칭송하기는 했지만, 「테제」는 대체로 마르크스가 이미 언급했던 논점을 개괄하는 한편 포이어바흐와 이전의 유물론자들이 대상과 인식에 대해 수동적 관점을 취했다고 공격한다. 헤겔과 피히테 같은 관념론자들은 우리의 활동이 우리가 세계를 보는 방식을 형성한다고 강조했다. 그들이 생각한 것은 정신적 활동이었다. 아이가 납작한 빨간색 원이 아니라 빨간색 공을 보려면 3차원 공간의 개념을 정신적으로 파악해야 한다. 마르크스는 관념론의 능동적이고 변증법적인 측면을 포이어바흐의 유물론과 결합하고 싶어했는데, 여기서 훗날 마르크스주의자들이 '변증법적 유물론'이라고 부른 것이 탄생했다(마르크스 자신은 이 표현을 한 번도 쓰지 않았지만).

마르크스가 말하는 유물론의 능동적 측면이란 (자신이 생각하기에) 이론적 문제를 해결하는 데 필요한 실천적 인간 활동이었다. 우리는 이런 사례를 이미 본 적이 있다. 바우어는 유대인의 지위 문제를 종교적 의식의 문제로 보았지만, 「유대인 문제에 관하여」에서 마르크스는 거래가 철폐되도록 사회를 재편함으로써 이 문제를 철폐할 수 있다고 말했다. 「헤겔 법철학의 비판을 위하여. 서설」에서는 프롤레타리아트의 물질적 무기 없이는 철학이 실현될 수 없다고 주장했다. 『경제학-철학 수고』에서는 공산주의를 "역사의 해결된 수수께끼"라고 불렀다. 이 '역사의 수수께끼'는 '**정신**이 어떻게 해방을 얻는가'라는 헤겔의 수수께끼다. 마르크스는 헤겔이 『정신현상학』에서 서술하는 모순을 인간 조건의 모순으로 탈바꿈시킨다. 이 모순을 해소하는 방법은 공산주의뿐이다.

「포이어바흐에 관한 테제」는 '이론과 실천의 합일'이라는 마르크스주의의 유명한 신조가 등장하는 주요 출처다. 어떤 사람들은 이 합일을 바리케이드에서의 고요한 순간에 마르크스주의 철학을 논하는 것으로 생각한다. 또 어떤 사람들은 자신의 가치에 부합하는 삶을 살아야 한다는 의미로 받아들인다. 캐나다의 철학자 제럴드 코언이 쓴 『평등주의자라면서 어떻게 그렇게 부자일 수 있지?If You're an Egalitarian, How Come You're So Rich?』의 제목이 이 과제를 한마디로 보여준다. 「테제」의 지적 맥락으로 보건대 마르크스는 이 중에서 어떤 의미도 염두에 두지 않았음이 분명하다. 마르크스에게 이론과 실천의 합일이란 이론적 문제를 실천적 활동으로 해결한다는 뜻이었다. 이 개념은 세계사에 대한 헤겔의 철학을 유물론적으로 변형한다는 맥락을 떠나서는 거의 의미가 없다.

포이어바흐에 관한 열한번째 테제는 하이게이트 묘지에 있는 마르크스의 묘비에 새겨져 있다. "철학자들은 세계를 단지 다양하게 해석해왔을 뿐이다. 그러나 중요한 것은 세계를 변

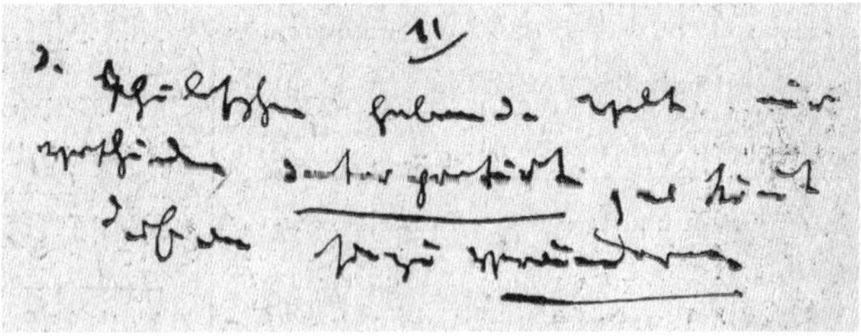

5. 포이어바흐에 관한 열한번째 테제 자필 원고.

화시키는 것이다"(T 173)(『칼 맑스 · 프리드리히 엥겔스 저작 선집 1』 189쪽)(그림 5와 그림 12 참조). 이 문장은 대체로 철학이 중요하지 않다는 취지로 읽힌다. 중요한 것은 혁명적 활동이라는 것이다. 하지만 결코 그런 의미가 아니다. 마르크스의 취지는 세계를 있는 그대로 해석하는 것만으로는 철학의 문제를 해결할 수 없으며 세계에 내재한 철학적 모순이 해소되도록 세계를 개조함으로써만 해결할 수 있다는 것이다. 철학이 중요한 것은 세계를 변화시킴으로써만 극복할 수 있는 문제가 무엇인지 알려주기 때문이다.

『독일 이데올로기』

유물론적 역사관에서는 사유가 아닌 실천적 인간 활동이 중요한 역할을 한다. 이것을 가장 상세히 설명한 글이 마르크스와 엥겔스의 다음 주저(主著) 『독일 이데올로기』(1846)다. 『신성 가족』과 마찬가지로 이 책에서도 맞수 사상가들에 대한 비판을 장황하게 늘어놓는다. 훗날 마르크스는 "그 이전의 철학적 의식과 결별하"기 위해 『독일 이데올로기』를 썼다고 말했다(P 426. 『칼 맑스 · 프리드리히 엥겔스 저작 선집 2』 479쪽).

포이어바흐는 여전히 비판 대상에 포함되어 있지만 이번에는 남들보다 정중한 대접을 받는다. 포이어바흐에 관한 절에서 마르크스와 엥겔스는 세계사에 대한 자신들의 새로운 견해를 제시한다.

> 모든 인간 역사의 제1전제는 당연히, 살아 있는 인간 개인들의 생존(Existenz)이다. (…) 인간들은 의식에 의해서, 종교에 의해서, 그 밖에 그가 원망(願望)하는 것에 의해서 동물들과 구별될 수 있다. 인간들 자신은 그들이 그들의 생활 수단을 생산하기 시작하자마자 동물들과 구별되기 시작하는데, 〔이러한 생활 수단의 생산은〕 인간의 신체적 조직에 의해 조건지어져 있는 바의 〔인간다운 인간으로의 변화의〕 착수(ein Schritt)〔이다〕. 인간들은 그들의 생활 수단을 생산함으로써 간접적으로 그들의 물질적 생활 자체를 생산한다. (…) 하늘에서 땅으로 내려오는 독일 철학과는 정반대로 여기에서 우리는 땅에서 하늘로 올라간다. 즉 인간들이 말하고 상상하고 표상하는 것에서 또한 말해지고 사유되고 상상되고 표상된 인간들에서 출발하여 살아 있는 인간들에 도달하는 것이 아니다; 우리는 현실적으로 활동하는 인간들에서 출발하며, 또한 그들의 현실적 생활 과정으로부터 이 생활 과정의 이데올로기적 반영들과 반향(反響)들의 발전을 표현한다. 인간들의 뇌 속의 환영들(Nebelbildungen) 또한 인간들의 물질적인, 경험적으로 확인 가능한, 그리고 물질적 전제들에 연결된 생활 과정의 필연적 승화물들이다. 이렇게 됨으로써 도덕, 종교, 형이상학 및

그 밖의 이데올로기와 그에 상응하는 의식 형태들은 더이상 자립성의 가상을 지니지 않는다. 그것들은 아무런 역사도 가지고 있지 않으며, 어떠한 〔자립적〕 발전도 하지 않는다. 자신들의 물질적 생산과 자신들의 물질적 교류를 발전시키는 인간들이 이러한 자신들의 현실과 함께 또한 그들의 사유 및 그 사유의 산물들을 변화시키는 것이다. 의식이 생활을 규정하는 것이 아니라 생활이 의식을 규정한다. (*GI* 176-7, 180-1. 『칼 맑스 · 프리드리히 엥겔스 저작 선집 1』 197, 202쪽)

이것은 마르크스가 자기 이론의 포괄적인 얼개를 가장 뚜렷하게 천명한 글이다. 13년 뒤에 연구의 '길잡이'를 요약하면서도 비슷한 표현을 썼다. "인간들의 의식이 그들의 존재를 규정하는 것이 아니라 거꾸로 그들의 사회적 존재가 그들의 의식을 규정한다"(P 425. 『칼 맑스 · 프리드리히 엥겔스 저작 선집 2』 478쪽). 『독일 이데올로기』에서는 역사적 유물론의 개요에 대한 마르크스의 성숙한 정식화를 확인할 수 있다(변화 과정을 자세히 서술하지는 않았지만).

이를 보건대, 또한 마르크스가 훗날 자신의 저작을 묘사한 글이 "그 이전의 철학적 의식"에 대한 확정적 서술이라고 간주하건대, 마르크스가 초창기에는 소외에 관심을 가졌다가 이제는 더 과학적인 접근법으로 돌아섰다고 생각할 수 있을지도 모르겠다. 하지만 그것은 사실과 다르다. 초창기 이후로 마르크스가 역사 자료를 더 많이 활용하고 세계가 어떠해야 하는가에 대한 추상적인 철학적 논증을 삼가는 것은 사실이지만, 소외에 대한 관심은 여전히 남아 있다. 『독일 이데올로기』에 따르면 사회적 힘은 다름 아닌 인간의 생산력이지만 "그의 외부에, 그에게서 독립되고, 소원하게" 존재하는 것처럼 보이는데 그 이유는 사람들이 생산력의 기원을 이해하지 못하고 생산력을 장악하지 못하기 때문이다. 인간이 생산력을 장악하는 것이 아니라 생산력이 인간을 장악한다. 공산주의하에서 사적 소유가 철폐되고 생산이 통제되면 "인간들이 그 자신들의 생산물에 관계할 적에 가지게 되는 낯설음을 철폐하"고 "다시 한번 교환, 생산, 인간들의 서로서로에 대한 행위의 방식을 장악할" 것이다(*GI* 186. 『칼 맑스 · 프리드리히 엥겔스 저작 선집 1』 216쪽).

여기서 중요한 것은 '소외'라는 단어가 쓰이는가 여부가 아니다. 다른 용어로도 똑같은 논점을 제시할 수 있기 때문이다. 중요한 것은 마르크스의 역사 이론에서 인간이 소외의 상태에 있다고 본다는 사실이다. 자신의 생각, 사상, 인간으로서의 본성을 결정하는 힘에 종속되어 있다면 인간은 자유로울 수 없다. 유물론적 역사관은 인간이 스스로 이해하지도 통제하지도 못하는 힘에 종속되어 있다고 말한다. 이 힘은 영원히 인간의 통제력 바깥에 있는 초자연적 폭군이 아니라 인간 자신의 생산력이다. 이 생산력이 인간에게 봉사하지 않고 그들에게 낯설고 적대적으로 보이는 것이다. 이 소외 상태를 묘사하고 그 기원과 형태를 자세히 설명하는 것이 유물론적 역사관이다.

제 7 장

역사의 목표

유물론적 역사 이론이 우리에게 실제로 말하는 것은 무엇인가?

우리는 유물론적 역사관이 인간 자유와 소외에 대한 마르크스의 초기 관심에서 출발했음을 알게 되었지만, 아직 이 역사 이론을 자세히 들여다보지는 않았다. 유물론적 역사 이론은 엥겔스 말마따나 "다윈이 유기적 자연의 발전 법칙을 발견한" 것에 맞먹는 "인간 역사의 발전 법칙"에 대한 과학적 발견일까?(『칼 맑스 · 프리드리히 엥겔스 저작 선집 5』 506쪽)

유물론적 역사관의 고전적 정식화는 1859년에 쓴 「정치경제학의 비판을 위하여. 서문」에 실려 있다. 마르크스가 자신의 사상을 요약한 이 글은 앞에서 살짝 살펴보았지만 여기서 길게 인용하는 것이 좋겠다.

인간들은 자신들의 생활을 사회적으로 생산하는 가운데, 자신들의 의지로부터 독립되어 있는 일정한 필연적 관계들, 즉 자신들의 물질적 생산력들의 일정한 발전 단계에 조응하는 생산관계들에 들어선다. 이러한 생산관계들의 총체가 사회의 경제적 구조, 즉 그 위에 법률적 및 정치적 상부 구조가 서며 일정한 사회적 의식 형태들이 그에 조응하는 그러한 실재적 토대를 이룬다. 물질적 생활의 생산 방식이 사회적, 정치적, 정신적 생활 과정 일반을 조건짓는다. 인간들의 의식이 그들의 존재를 규정하는 것이 아니라 거꾸로 그들의 사회적 존재가 그들의 의식을 규정한다. 사회의 물질적 생산력들은 그 발전의 특정 단계에서, 지금까지 그것들이 그 내부에서 운동해왔던 기존의 생산관계들 혹은 이 생산관계들의 법률적 표현일 뿐인 소유관계들과의 모순에 빠진다. 이러한 관계들은 이러한 생산력들의 발전 형태들로부터 그것들의 족쇄로 변전한다. 그때에 사회 혁명의 시기가 도래한다. 경제적 기초의 변화와 더불어 거대한 상부 구조 전체가 서서히 혹은 급속히 변혁된다. 이러한 변혁들을 고찰함에 있어서 사람들은 자연과학적으로 정확히 확인될 수 있는 경제적 생산 조건들에서의 물질적 변혁과, 인간들이 이러한 충돌들을 의식하고 싸워서 해결하는 법률적, 정치적, 종교적, 예술적 혹은 철학적, 간단히 말해 이데올로기적인 형태들을 항상 구별해야만 한다. (P 425-6. 『칼 맑스·프리드리히 엥겔스 저작 선집 2』 477~478쪽)

흔히들 마르크스가 사회를 '경제적 토대'와 '상부 구조'의 두 요소로 나누고 토대가 상부 구조를 지배한다고 주장했다고 말한다. 하지만 방금 인용한 구절을 꼼꼼히 읽어보면 두 요소가 아니라 세 요소로 구분하고 있음을 알 수 있다. 첫 문장에서는 생산관계가 물질적 생산력의 일정 단계에 조응한다고 말한다. 따라서 출발은 생산력이다. 생산력은 생산에 쓰이는 사물을 일컫는데, 여기에는 노동력, 원재료, 그리고 원재료를 가공하는 기계가 포함된다. 방아꾼이 손절구로 밀을 빻는다면 생산력은 손절구다. 생산력에서 생산관계가 생겨난다. 생산관계는 사람들 사이의 관계나 사람과 사물 사이의 관계다. 방아꾼은 손절구를 소유할 수도 있고 소유자에게 임차할 수도 있다. **소유**와 **임차**는 생산관계다. "스미스가 존스를 고용하고 있다"라거나 "램스보톰은 워윅 백작의 농노다"라고 말할 때처럼 사람들 사이의 관계도 생산관계다. 생산력이 아니라 생산관계가 사회의 경제적 구조를 이룬다. 한편 이 경제적 구조는 상부 구조를 떠받치는 토대다.

이렇듯 유물론적 역사관은 생산력에서 출발한다. 마르크스는 생산관계가 생산력의 발전 단계에 조응한다고 말한다. 이것을 직설적으로 표현한 문장이 있다. "손절구는 봉건 영주가 있는 사회를 산출하고, 증기 제분기는 산업 자본가가 있는 사회를 산출할 것이다"(*PP* 219-20. 『칼 맑스 · 프리드리히 엥겔스 저작 선집 1』 273쪽).

말하자면 생산력이 육체노동의 단계까지만 발전했다면 지배적 생산관계는 영주와 농노의 관계다. 이런 비슷한 관계가 사회의 경제적 구조를 이루며, 경제적 구조는 봉건 시대의 정치적·법적 상부 구조의 토대가 된다. 봉건 사회는 신하를 다스릴 권한을 국왕에게 부여하고 농노를 다스릴 권한을 영주에게 부여하는 것과 더불어 그런 사회에 걸맞은 종교와 도덕—이를테면 충성, 복종, 그리고 (아무리 낮을지라도) 신분에 따른 의무의 이행이라는 관념에 바탕을 둔 도덕을 설교하는 권위적이고 계층적인 종교—을 가질 것이다.

이 역사관에 따르면 봉건적 생산관계가 생겨난 것은 그것이 봉건 시대 생산력—이를테면 절구—의 발전을 촉진했기 때문이지만, 이 생산력은 고정되어 있지 않고 계속해서 발전했다. 그리하여 증기 제분기가 발명되었다. 증기력을 가장 효율적으로 활용하는 곳은 큰 공장인데, 이런 공장을 운영하려면 자유로운 노동자가 밀집해 있어야 한다. 그런데 봉건적 생산관계는 농노가 땅을 떠나지 못하도록 제약한다. 그리하여 영주와 농노의 생산관계가 무너지고 자본가와 노동자의 생산관계로 대체된다. 이 새로운 생산관계는 이제 사회의 새로운 경제적 구조를 이루며, 이를 토대로 나름의 법률, 종교, 도덕을 갖춘 자본주의적인 법적·정치적 상부 구조가 생겨난다. 계약의 자유와 거주 이전의 자유는 재산 처분의 자유와 더불어 법적 권리가 된다. 지주 귀족의 특권은 깎여나가고 양심의 자유를 비롯한 개인의 권리가 점차 인정받으며 경쟁과 사익 추구가 널리 받아들여진다.

이렇듯 역사는 생산력이 생산관계를 결정하고 생산관계가 정치적 · 법적 · 이데올로기적 상부 구조를 결정하는 3단계 과정으로 진행된다. 생산력은 근본적 요소로, 생산력의 성장은 역사의 전체 과정을 위한 원동력이 된다.

해석의 문제

손절구가 봉건 영주를 낳고 증기 제분기가 자본가를 낳았다는 주장을 진지하게 받아들여야 할까? 증기력의 발명이 인간의 관념에서 비롯되었으며 이런 관념이 증기 제분기 못지않은 자본주의의 원천임을 마르크스가 알았던 것은 분명하다. 마르크스가 자신의 이론이 참신하게 보이도록 하려고 일부러 투박하고 과장되게 서술한 것은 아닐까?

이것은 골치 아픈 질문이다. 마르크스는 손절구와 증기 제분기에 대한 문장 말고도 여러 곳에서 생산력이 나머지 모든 것을 결정한다고 단언하지만, 상부 구조에 속한 요인들이 원인으로 작용함을 인정하기도 한다. 특히 역사적 사건을 서술할 때—이를테면 나폴레옹 1세의 조카 루이 보나파르트가 권력을 잡은 계기인 1851~1852년의 사건들을 서술하는 「루이 보나파르트의 브뤼메르 18일」에서—관념과 성격이 어떤 영향을 끼치는지 분석하는데, 그의 논평은 모든 것이 생산력 발전에 의해 결정된다는 견해와 모순되는 것처럼 보인다. 이를테면 「브뤼메르 18일」에서 마르크스는 이렇게 말한다.

> 인간은 자기 자신의 역사를 만든다. 그러나 자기 마음대로, 즉 자신이 선택한 상황하에서 만드는 것이 아니라 이미 존재하는, 주어진, 물려받은 상황하에서 만든다. (*EB* 329. 『칼 맑스 · 프리드리히 엥겔스 저작 선집 2』 287쪽)

『공산당 선언』을 여는 유명한 선언도 마찬가지다. "지금까지의 모든 사회의 역사는 계급 투쟁의 역사이다"(*CM* 246. 『공산당 선언』 9쪽). 생산력이 모든 것을 결정한다면 계급 투쟁은 생산력이 취하는 피상적 형태에 불과하다. 마치 은막 위의 영상이 현실을 반영하기는 하지만 바꿀 수는 없는 것과 같다. 그렇다면 왜 역사를 계급 투쟁의 역사로 서술하는 것일까? 사상이나 정치가 현실에 실제로 영향을 끼치지 못한다면 노동자 계급을 위한 마르크스의 정치 활동이나 『공산당 선언』을 마무리하는 "만국의 프롤레타리아여, 단결하라!"라는 외침(그림 12

에서 보듯 하이게이트 묘지에 있는 마르크스 묘비에도 이 문구가 새겨져 있다)에 무슨 의미가 있겠는가?(『공산당 선언』 98쪽)

마르크스가 죽은 뒤에 엥겔스는 "경제적 계기가 유일한 결정적 계기"라는 말을 마르크스가 한 적이 없다고 부인했다.(『칼 맑스 · 프리드리히 엥겔스 저작 선집 6』 508쪽) 하지만 자신과 마르크스가 이런 오독에 부분적 책임이 있음은 인정했다. 경제적 측면을 깡그리 거부하는 사람들에 맞서 경제적 측면을 강조했기 때문이다. 엥겔스는 마르크스와 자신이 경제적 구조와 나머지 상부 구조 사이에 상호작용이 존재함을 간과하지 않았다고 말했다. 그들은 "결국 경제적 운동은 (…) 필연적인 것으로서 자신을 관철해간"다고 주장했을 뿐이다. 엥겔스에 따르면 마르크스는 자신의 말이 엉뚱하게 해석되는 것에 진저리가 나서 만년에 이렇게 말했다고 한다. "한 가지 확실한 것은 나는 맑스주의자가 아니란 것이다."(『칼 맑스 · 프리드리히 엥겔스 저작 선집 6』 499쪽)

엥겔스의 말은 옳을까? 엥겔스가 참된 신조를 희석했다고 비난한 사람들도 있었지만, 평생지기이자 동지인 엥겔스보다 마르크스의 속뜻을 잘 아는 사람이 어디 있겠는가. 게다가 마르크스의 『정치경제학 비판 요강』—『자본론』을 비롯하여 마르크스가 완성하지 못한 저작들의 개략적인 초고—이 20세기에 출간되면서, 인간 존재를 구성하며 서로 영향을 주고받

6. 프리드리히 엥겔스(1820~1895), 마르크스의 친구이자 공저자이자 후원자.

는 전체 구조에서 경제적 요소가 우위를 차지한다는 사실을 묘사할 때 마르크스가 엥겔스와 마찬가지로 "궁극적으로는" 같은 표현을 썼다는 사실이 밝혀졌다(*G* 495. 『정치경제학 비판 요강 I』 110쪽). 옳든 그르든, 마르크스가 죽은 뒤에 엥겔스가 처한 입장에는 공감할 수밖에 없다. 마르크스 사상의 해석에 대한 권위자로서 엥겔스는 마르크스의 사상이 그의 나머지 저작과 모순되지 않도록, 또한 정치나 종교, 법률이 생산력에 끼치는 영향에 대한 상식적 판단과 어긋나지 않도록 그의 사상을 이치에 맞는 형태로 다듬어야 했다.

하지만 상부 구조와 생산력의 '상호작용'을 인정한 뒤에도 상부 구조가 생산력을 결정하는 것이 아니라 생산력이 상부 구조를 결정한다고 주장할 수 있을까? 이것은 '닭이 먼저냐 달걀이 먼저냐'라는 오래된 논란의 재탕이다. 생산력은 생산관계를 결정하고 사회의 관념은 생산관계에 조응한다. 관념은 생산력의 또다른 발전을 낳고, 이는 새로운 생산관계와 이에 조응하는 새로운 관념을 낳는다. 이 순환 운동에서 생산력이 결정적 역할을 한다는 말은 닭이 달걀의 존속을 보장하는 것이 아니라 달걀이 닭의 존속을 보장한다는 말처럼 터무니없는 소리다.

생산력이 "결국" 또는 "궁극적으로는" 나머지 상호작용 요인들을 결정한다고 말하더라도 딜레마에서 벗어날 수는 없다.

저 말의 의미를 따져보자. 그것은 결국 상부 구조가 생산력 발전에 총체적으로 지배된다는 뜻일까? 그렇다면 '결국'은 인과의 사슬을 늘이는 것에 불과하다. 사슬은 여전히 존재하며 우리는 마르크스 이론의 엄격한 결정론적 형태로 돌아온다.

이에 반해 '결국'이 경제 결정론의 사슬을 단순히 늘이는 게 아니라 실제로 끊는다면 생산력이 우위에 있다는 말은 공허한 소리에 불과하다. 이것은 (6장에서 인용한 『독일 이데올로기』의 문구가 시사하듯) 인간이 "생활 수단을 생산하기 시작할" 때에야 인류 역사의 과정이 시작된다는 뜻일 수도 있고 엥겔스가 장례식 추도사에서 말했듯 "인간들은 정치, 과학, 예술, 종교 등등을 추구할 수 있기 전에, 무엇보다도 먼저 먹고 마시고 거주하고 입어야 한"다는 뜻일 수도 있다. 하지만 정치, 과학, 예술, 종교가 일단 존재하게 되었을 때 생산력이 이것들에 끼치는 만큼의 영향을 생산력에 끼친다면, 인류가 먼저 먹고 난 뒤에야 정치를 추구할 수 있다는 사실은 역사학적 흥밋거리에 지나지 않는다.(『칼 맑스 · 프리드리히 엥겔스 저작 선집 5』 506~507쪽) 예술은 6만 년 전으로 거슬러올라간다. 예술가들이 동굴 벽에 그림을 새기기 전에 먹고 마시고 거주해야 했다는 것은 의심할 여지가 없다. 하지만 이 사실은 자본주의를 낳은 인과적 과정을 이해하는 데 아무런 도움이 되지 않는다. 자본주의가 전복되는 인과적 과정은 말할 것도 없다.

이렇게 볼 수도 있겠다. 경제적 측면이 '결국' 자신을 관철한다는 말은 경제적 요인과 비경제적 요인이 둘 다 상호작용하긴 하지만 생산력이 인과적 원동력의 더 큰 부분을 차지한다는 취지일 수도 있다. 하지만 어떤 근거에서 이렇게 말할 수 있을까? 어떻게 해야 상호작용하는 과정들을 나눠서 어느 쪽이 더 큰 역할을 하는지 말할 수 있을까? 이 문제를 이해하는 한 가지 방법은 확률의 관점에서 생각하는 것이다. 이를테면 서로 다른 정치적 힘이나 종교적 힘이 우위를 차지하려고 투쟁할 때, 생산력의 발전을 촉진하고 그 발전으로부터 가장 큰 혜택을 입을 계급의 이익을 증진하는 힘이 유리하고 최고가 될 확률이 크다고 말할 수 있겠다. 그렇다고 해서 정치적 투쟁이나 종교적 투쟁이 아무런 차이를 일으키지 않는다는 말은 아니다. 이따금 한쪽에서 쓰는 전술이 결정적으로 작용하여 경제적 요인을 압도할 수도 있다. 하지만 자주 그러지는 않을 것이다.

과학적 발견의 문제

유물론적 역사관을 엄격한 경제 결정론으로 해석한다면 그것이 만일 사실일 경우 실로 중대한 발견이겠지만, 사실일 것 같지는 않다. 『요강』에서 보이는 훨씬 유연한 역사관을 받아들인다면—여기서 마르크스는 사회를 모든 것이 서로 연결된 "총체성", "유기적 전체"로 묘사한다—마르크스의 말은 사회가 서로 연결된 총체라는 뜻으로밖에 해석할 수 없다(*G* 99-100. 『정치경제학 비판 요강 I』 69~70쪽). 관념, 정치, 법률, 종교 등이 현실적 경제 문제와 독립적으로 나름의 삶과 역사를 가진다는 견해와 대조하면 일리가 있는 생각이다. 그럼에도 "인간 역사의 발전 법칙"이라거나 다윈의 진화론에 맞먹는 과학적 발견이라고 말하기는 민망하다.

이 두 극단 사이에 방금 약술한 확률론이 있다. 이 견해에 따르면 이데올로기적 상부 구조 수준에서 투쟁이 벌어지면 생산력의 발전과 그 발전으로부터 가장 큰 혜택을 얻을 계급의 이익에 유리한 관념과 제도가 우위를 차지할 가능성이 크다. 여기에 과학적 발견의 자격을 부여할 수 있을까? 이 물음에 대답하는 한 가지 방법은 특정한 결론을 이끌어낼 수 있을 만큼 이 견해가 엄밀한지 따져보는 것이다. 이것은 과학에서 가설을 검증하는 방법으로, 가설에서 예측되는 결과가 실제로 일어나는지 보는 것이다. 유물론적 역사관의 확률론적 해석을 검증하기란 쉬운 일이 아니다. 많은 수의 비슷한 관념적 투쟁을 찾아서 각 경우에 생산력의 발전과 그 발전으로 인해 가장 큰 혜택을 입을 계급의 이익에 부합하는 것이 어느 쪽인지 미리 판단하고 그런 다음 통계적으로 유의미한 다수의 경우에 어느 쪽이 승리하는지 확인하는 것이 가능하지 않기 때문이다. 차라리 그런 투쟁을 분석할 때 어느 쪽이 생산력의 온전한 발전을 허용하고 그 발전으로부터 혜택을 입을 가능성이 큰지 묻는 것이 유익할 것이라고 주장하는 편이 더 현실적일지도 모른다. 그러면 이 요인들이 투쟁의 결과에 미치는 영향을 탐구할 수 있다. 이 견해에 따르면 유물론적 역사관은 연구의 방향을 제안하며 그 연구를 통해 더 구체적이고 검증 가능한 가설을 발전시킬 수 있을지도 모른다. 그렇다면 이 제안들과 여기서 도출되는 검증 가능한 가설들이 얼마나 생산적인가에 따라 유물론적 역사관을 판단할 수 있다. 논란의 여지가 있긴 하지만, 많은 사회학자들은 마르크스의 제안이 실제로 매우 생산적이었다고 생각한다.

마르크스가 상부 구조가 생산력에 끼치는 영향을 분명히 알았으면서도 생산력이 생산관계를 결정하고 그로써 사회적 상부 구조를 결정한다고 어떻게 그렇게 자신 있고 (적어도 이따금은) 직설적으로 단언할 수 있었는가는 여전히 설명이 필요한 문제다. 마르크스는 상호작용 때문에 생기는 난점을 왜 들여다보지 않았을까? 엥겔스 말마따나 토론을 위해 논지를 과장했을 뿐일까?

그것도 가능한 설명이긴 하지만, 더 심오한 설명도 있다. 그것은 생산력의 우위에 대한 믿음이 마르크스에게 사실에 대한 일반적 믿음이 아니라 그의 이론이 헤겔 철학에서 비롯된 데 따른 유산이라는 설명이다. 이를 확인하는 한 가지 방법은, 만약 마르크스의 견해가 전도된 헤겔주의라면, 관념과 물질적 생활의 상호작용이 왜 (정신의 발전이 물질적 생활을 규정한다는) 헤겔의 견해에 대해서는 이것이 전도된 마르크스의 견해와 똑같은 문제를 일으키지 않는지 묻는 것이다. 의식이 물질적 생활에 영향을 끼친다는 표현이 마르크스의 저작에 등장하는 것 못지않게 헤겔의 저작에는 물질적 생활이 의식에 영향을 끼친다는 표현이 많이 등장한다. (2장에서 본 주인/노예 변증법도 그중 하나다.) 따라서 어떤 종류의 요인들이 다른 종류의 요인들에 주된 인과적 역할을 하는지 판단하는 것은 마르크스 못지않게 헤겔에게도 중대한 문제였다.

헤겔이 의식의 우위를 믿은 이유는 분명하다. 그는 정신이 궁극적 실재이고 물질적 세계가 정신의 현현이라고 생각하며, 이에 따라 역사의 목적이나 목표는 정신이 모든 환각과 족쇄로부터 해방되는 것이라고 여긴다. 따라서 의식이 물질적 생활을 결정한다는 헤겔의 믿음은 궁극적 실재와 역사의 의미에 대한 그의 견해에 기대고 있다. 역사는 무의미하고 종종 우연한 사건들의 연쇄가 아니라 발견 가능한 목표를 향한 필연적 과정이다. 세계사의 단계에서 어떤 일이 일어나든 그것은 정신이 자신의 목표에 도달할 수 있도록 하려고 일어난다. 정신, 또는 의식의 수준에서 일어나는 것이 나머지 모든 것의 참된 원인인 것은 이런 의미에서다.

헤겔과 마찬가지로 마르크스에게도 무엇이 궁극적 실재인가에 대한 견해가 있다. 그의 유물론은 헤겔의 관념론을 뒤집은 것이다. 유물론적 역사관은 궁극적 실재의 성격에 대한 이론이라기보다는 대개 역사적 변화의 원인에 대한 이론으로 간주되지만, 헤겔의 관념론적 역사관이 둘 다였듯 실제로는 둘 다다. 앞에서 살펴본 『독일 이데올로기』의 구절들은 마르크스가 물질적 과정을 관념과 달리 실재로 여겼음을 시사한다. 마르크스와 엥겔스는 "현실적으로 활동하는 인간들"의 "현실적 생활 과정"을 "이 생활 과정의 이데올로기적 반영들과 반향들"에 대비시킨다. 두 사람은 "인간들의 뇌 속의 환영들"과 "물질적인, 경험적으로 확인 가능한 (…) 생활 과정"을 구별한다. 인간의 물질적 또는 생산적 생활을 묘사할 때 '현실적' 혹은 '자체' 같은 표현을 되풀이하고 의식의 측면들에 대해 '반영', '반향', '환영' 같은 단어를 쓰는 것에서 보듯 마르크스와 엥겔스는 실재하는 것과 단순한 현현이나 겉모습을 철학적으로 구분한다.

이런 용어는 마르크스의 초기 저작에만 있는 것이 아니다. 겉모습과 실재의 대조는 『자본론』에서도 반복되는데, 마르크스는 종교 세계가 현실 세계의 '반영'에 지나지 않는다고 말한다(*C* I 73. 『자본론 I〔상〕』 102쪽).

마르크스는 헤겔을 따라서 역사가 발견 가능한 목표를 향한 필연적 과정이라고 생각한다. 『경제학-철학 수고』에서 그 증거를 찾을 수 있다. 마르크스는 고전파 경제학자들이 "인류의 발전에서" 경제 현상이 어떤 의미를 가지는지, "외적인, 우연적인 것으로 보이는 사정이 어느 정도로 필연적인 발전의 표현인지" 아무 말도 하지 않는다고 비판했다.〔『경제학-철학 수고』 83쪽〕 이 견해 또한 마르크스의 청년기에 국한되지 않는다. 이를테면 1853년에 〈뉴욕 데일리 트리뷴〉에 기고한 「영국의 인도 지배」의 다음 문단을 보라.

> 영국이 힌두스탄에서 사회 혁명을 불러일으키는 행동을 하게 된 동기로 작용한 것이 천하기 그지없는 이익일 뿐이었고 또 그 이익을 달성하기 위해 취한 방법도 우둔하였던 것은 사실이다. 그러나 이것이 문제가 아니다. 문제는 아시아의 사회 상태의 근본적 혁명 없이 인류가 그 사명을 다할 수 있겠는가 하는 것이다. 그렇다면, 영국이 저지른 죄가 아무리 크다 하더라도, 그러한 혁명을 일으킴으로써 영국은 역사의 무의식적 도구 노릇을 하였던 것이다.〔『칼 맑스 · 프리드리히 엥겔스 저작 선집 2』 417쪽〕

마르크스가 '인류의 사명'을 언급하고 영국을 '역사의 무의식적 도구'로 묘사한 것은 역사가 어떤 목표를 향해 목적의식적으로 나아감을 암시한다. (위 구절은 "일반이념의 약은 꾀"가 어수룩한 사람들을 이용하여 역사에서의 자기 목적을 이룬다는 헤겔의 설명을 연상시킨다.)〔『역사철학강의』 42쪽〕

물론 세계사의 목표에 대한 마르크스의 생각은 헤겔과 달랐다. 마르크스는 **정신**의 해방을 실제 인간의 해방으로 대체했다. 그는 역사를 다양한 의식 형태를 통해 최종적 자기지식에 이르는 **정신**의 발전이 아니라 인간이 자연의 폭정으로부터 스스로를 해방시키고 자신의 계획대로 세계를 빚는 인간 생산력의 발전으로 보았다. 하지만 헤겔에게 자기지식을 향한 **정신**의 발전이 필연적이고 목표 지향적이듯 마르크스에게 인간 생산력의 발전은 그에 못지않게 필연적이고 목표 지향적이다.

이제 우리는 마르크스의 역사 이론에서 생산력의 주된 역할을 헤겔의 정반대 믿음에서 설명한 것과 똑같은 방식으로 설명할 수 있다. 마르크스에게는 관념과 의식이 아니라 인간의 생산적 생활이 궁극적 실재이며 이 생산력의 발전과 이 발전으로 인한 인간 능력의 해방이 역사의 목표다.

인류가 스스로의 사명을 다하는 데 영국의 역할이 있었다는 마르크스의 주장은 물질적 생활의 우위가 어떤 성격인지를 밝혀준다. 영국의 식민 지배 정책은 일련의 정치 행위로 이루어지기에, 이 정책이 아시아에서 사회 혁명을 낳는다면 그것은 상부 구조가 경제적 토대에 영향을 끼치는 사례일 것이다. 하지만 이런 일이 일어나는 것은 인류의 사명을 실현하는 데 꼭 필요한 상태로 생산력을 발전시키기 위해서다. 상부 구조는 역사의 '무의식적 도구'로서만 작용한다. 영국의 식민 지배 정책이 아시아의 사회 혁명에 대한 궁극적 원인이 아닌 것은 나의 삽이 우리 작물의 생장에 대한 궁극적 원인이 아닌 것과 같다.

이 해석이 옳다면 유물론적 역사관은 결코 일반적인 인과 이론이 아니다. 역사에 목적이나 목표가 있다고 생각하는 역사학자—또는 (이 문제에 대해서는) 철학자—는 이제 거의 없다. 그들은 역사를 어딘가에 이르는 필연적 경로로 설명하지 않는다. 그들이 역사를 설명하는 방식은 어떻게 해서 한 사건들의 묶음이 다른 사건들의 묶음을 일으키는지 보여주는 것이다. 이에 반해 마르크스는 역사를 인간의 참된 본성이 발전하는 과정, 즉 인간이 생산 활동을 통해 필요를 충족하고 자연에 대해 통제력을 행사하는 과정으로 보았다. 유물론적 역사관은 어떻게 해서 경제적 변화가 다른 사회적 영역의 변화로 이어지는지에 대한 현대적·과학적 설명으로 의도되지 않았다. 유물론적 역사관의 의도는 역사에서 작용하는 실제 힘들과 이 힘들이 향하는 목표를 가리킴으로써 역사를 설명하는 것이었다.

마르크스가 정치, 법률, 관념이 생산력에 영향을 끼친다는 사실을 알았음에도 생산력의 발전이 나머지 모든 것을 결정한다는 것을 결코 의심하지 않은 것은 이 때문이다. 마르크스가 노동자 계급의 대의에 헌신한 것도 이렇게 해석할 수 있다. 마르크스는 역사의 도구—그의 경우에는 온전히 의식적인 도구—로 행동한 것이다. 생산력은 언제나 결국 자신을 관철하지만 사람들의 행동을 통해 자신을 관철하며, 그 사람들은 자신이 역사에서 행하는 역할을 의식할 수도 있고 의식하지 않을 수도 있다.

인기 있는 어떤 농담은 "전구를 갈아 끼우려면 마르크스주의자가 몇 명이나 필요할까?"라는 물음에 "한 명도 필요 없다. 전구에 혁명의 씨앗이 담겨 있으니까"라고 대답한다. 이 농담을 생각하니 우리가 (기회가 있었다면) 마르크스에게 던졌을 법한 질문이 떠오른다. "생산력이 결국 자신을 관철한다고 믿으신다면 왜 저녁마다 집에서 가족과 쉬지 않고 굳이 국제노동자협회 회의에 참석하셨나요?" 마르크스는 역사의 도구 노릇을 하는 것이 즐겁다고 대답했을지도 모르겠다. 더 논리적으로 생각해보자면 그는 생산력이 어쨌든 결국 자신을 관철할 테지만 자신이 노동자 조직화를 돕는다면 새로운 공산주의 시대의 도래가 앞당겨지리라고 믿었는지도 모르겠다. 자본주의가 불필요한 고통을 양산하고 있으니 그 시기는 이를수록 좋다.

제 8 장

경제학

마르크스 경제학의 발전 과정

마르크스는 『자본론』을 자신의 대표작으로 여겼다. 『자본론』에서 그는 자신의 경제 이론을 거의 완성된 형태로 대중에게 선보였다. 하지만 '거의 완성된' 것이었지 '완성된' 것은 아니었다. 마르크스 생전에 출간된 것은 『자본론』 제1권뿐이었다. 마르크스가 죽은 뒤에 엥겔스는 마르크스가 남긴 자료를 취합하여 제2권과 제3권을 엮었으며 『잉여가치 학설사』라는 제목의 제4권은 체코 태생의 오스트리아 사회주의 이론가 카를 카우츠키가 엮었다.

유물론적 역사관과 마찬가지로 마르크스의 경제학도 초기 저작을 참고하면 성숙한 형태를 이해하기가 쉬워진다. 그러니 1844년의 마르크스에게로 돌아가보자. 우리가 마르크스 사상의 일반적 발전을 따라가다 중단하고 유물론적 역사관으로 외도한 것이 그때였다.

1844년 들어서 마르크스는 (고전파 경제학자들이 자연스럽고 불가피하다고 생각하는) 자본주의 경제 체제가 소외된 형태의 인간 삶이라고 주장하기에 이르렀다. 자본주의하에서 노동자는 자신의 노동—마르크스는 노동을 인간 존재의 본질로 여긴다—을 자본가에게 팔 수밖에 없는데, 자본가는 이 노동을 이용하여 더 많은 자본을 축적하며 이를 통해 노동자에게 더 많은 힘을 행사한다. 자본가는 부유해지지만 임금은 노동자가 살아갈 수 있는 최저 수준으로 내려간다. 하지만 어마어마한 수의 사람들이 이 비참한 수준으로 전락하면서 자본주의는 스스로를 무너뜨릴 물질적 힘을 만들어낸다. 마르크스가 보기에 경제학의 중요성은 이 소외의 작동 과정과 극복 방법을 설명하는 데 있었다.

1844년 직후에 마르크스는 『신성 가족』, 『독일 이데올로기』, 『철학의 빈곤』 같은 논쟁적 저작을 쓰는 데 힘을 쏟았다. 그는 적수를 비판하는 과정에서 유물론적 역사관을 발전시켰지만 경제 이론에서는 별로 진전을 보지 못했다. 경제 이론을 어쨌든 상세히 전개하려는 최초의 시도는 1847년에 있었는데, 그때 마르크스는 브뤼셀의 노동자 클럽에서 경제학에 대한 일련의 강연을 했다. 강연 내용은 수정되어 1849년에 신문에 발표되었으며 이후에 「임금 노동과 자본」이라는 제목으로 재인쇄되었다. 이 명료한 저작에는 1844년 저작의 흔적이 많이 남아 있었지만 헤겔식 용어는 찾아볼 수 없었다. 이 글은 자세히 살펴볼 만하다. 명료한 만큼, 더 어려운 『자본론』을 쉽게 이해할 수 있게 해주기 때문이다.

마르크스는 노동에서 출발한다. 노동은 "노동자 자신의 생명 활동이며, 그 자신의 생명의 발현"으로 묘사된다. 하지만 자본주의에서 노동은 노동자가 살기 위해 팔아야 하는 상품이 된다.(『칼 맑스 · 프리드리히 엥겔스 저작 선집 1』 548쪽) 따라서 그의 생명 활동은 생계 수단으로 전락한다. 삶의 일부가 아니라 "그의 삶의 희생"인 것이다. 그의 진짜 삶은 노동이 끝났을 때, "식탁에서 선술집 의자에서 침대에서" 시작된다(*WLC* 275-6. 『칼 맑스 · 프리드리히 엥겔스 저작 선집 1』 549쪽).

그런 다음 마르크스는 임금이 어떻게 결정되는지 묻고는 노동의 가격이 여느 상품의 가격과 마찬가지로 결정된다고 답한다. 임금은 수요와 공급에 따라 등락하지만, 일반적 경향은 임금이 노동의 생산 비용, 즉 노동자가 목숨을 부지하고 노동과 번식을 할 수 있도록 하는 데 필요한 최저 생계비로까지 하락한다는 것이다.

이제 마르크스는 자본으로 넘어간다. 그는 자본이 새로운 생산에 쓰이는 "원료들, 노동 도구들, 생활 수단들"로 이루어진다는 영국 고전파 경제학자의 견해를 언급한다.〔『칼 맑스 · 프리드리히 엥겔스 저작 선집 1』 555쪽〕 자본의 이 요소들은 모두 노동의 창조물이기에 고전파 경제학자들조차 자본이 축적된 노동이라고 주장한다.

하지만 고전파 경제학자들이 간과하는 것은 이 모든 것이 특정한 사회 관계에서만 참이라는 사실이다. 아프리카 출신이 그 자체로는 노예가 아니지만 노예제 사회에서 노예가 될 수 있듯 축적된 노동은 부르주아 사회에서만 자본이 된다.

고전파 경제학자들은 자본을 사회적으로 조건지어진 것이 아니라 자연적인 것으로 본다. 기계와 원재료 같은 물질적 산물로 보기 때문이다. 하지만 이 물질적 산물도 상품이다. 상품은 다른 물건과 교환할 수 있는 물건이다. 이를테면 설탕 1킬로그램은 감자 2킬로그램이나 딸기 0.5킬로그램과 교환할 수 있다. 따라서 상품에는 교환 가치가 있다. '교환 가치'는 마르크스 경제학의 핵심 용어로, '사용 가치'와 대비를 이룬다. 설탕 1킬로그램의 사용 가치는 단맛 욕구를 충족하는 능력인 데 반해, 교환 가치는 때와 장소에 따라 감자 2킬로그램일 수도 있고 (화폐로 표현하자면) 1파운드일 수도 있다. 따라서 사용 가치는 시장이나 어떤 교환 체계로부터도 독립적이지만 교환 가치는 그렇지 않다.

이제 자본은 실제로 상품, 즉 교환 가치의 총합이다. 양털이든 면이든 기계든 건물이든 선박이든 여전히 자본이다. 하지만 모든 자본이 교환 가치의 총합이라고 해서 모든 교환 가치의 총합이 자본은 아니다. 교환 가치의 총합이 자본이 되려면 노동과 교환됨으로써 스스로의 증식에 쓰여야 한다. 이렇듯 자본은 임금 노동을 고용하지 않고서는 존재할 수 없다. 자본에 고용되지 않고서는 임금 노동도 존재할 수 없다. 부르주아 경제학자들이 자본가의 이익과 노동자의 이익이 하나라고 주장하는 근거가 바로 이것이다.

이제 마르크스는 이 "그토록 칭송받고 있는 노동자와 자본가의 이해관계의 공통성"을 들여다본다.(『칼 맑스 · 프리드리히 엥겔스 저작 선집 1』 559쪽) 그는 부르주아 경제학자들에게 가장 유리한 사례를 든다. 이 상황에서는 자본이 성장하므로 노동 수요와 노동 가격이 상승한다.

마르크스의 첫번째 논점은 현대 소비 사회를 비판할 때에도 여전히 제기되는 문제다.

> 집은 클 수도 작을 수도 있다. 주위의 집들이 한결같이 작다면, 그 집은 주택에 대한 사회적 요구를 충족시켜준다. 그러나 작은 집 옆에 궁전이 하나 솟아 있다면, 그 집은 오두막으로 오그라들 것이다. (…) 문명의 행로 속에서 그 작은 집이 아무리 커진다 하더라도, 옆에 있는 그 궁전이 동일한 정도로 혹은 더 큰 정도로

> 높이 치솟는다면, 상대적으로 작은 집의 거주자는 자신의 사면 울타리 안에서 자신이 더욱더 불쾌하고, 불만스럽고, 짓눌린 기분을 느끼고 있는 것을 발견하게 된다. (*WLC* 284. 『칼 맑스 · 프리드리히 엥겔스 저작 선집 1』 560쪽)

마르크스에 따르면 빈곤과 풍요가 이웃들의 부에 영향을 받는 것은 우리 욕구의 본성이 사회적이기 때문이다. 욕구는 욕구되는 대상 자체가 아니라 사회에서의 삶에 의해 생겨난다. 그러니 임금이 꾸준히 오르더라도 자본가의 생활 수준이 더 많이 상승한다면 임금 상승은 더 큰 만족을 주지 못한다. 자본의 성장이 임금의 상승을 낳을 때 일어나는 일이 바로 이것이다. 자본이 성장한다는 것은 이윤이 성장한다는 뜻이지만, 마르크스는 이윤이 성장하려면 임금의 상대적 몫이 감소해야만 한다고 주장한다. 이 점에서 마르크스는 저명한 고전파 경제학자 데이비드 리카도와 같은 입장이다. 실질 임금이 상승하더라도 노동자와 자본가의 간극은 더 커질 것이다.

이어서 마르크스는 자본가와 노동자 사이의 더 근본적인 대립을 묘사한다. 자본이 성장하면 노동자에 대한 자본의 지배가 증대된다. 임금 노동은 "자신을 지배하는 타인의 부…… 를 생산한"다(*WLC* 284. 『칼 맑스 · 프리드리히 엥겔스 저작 선집 1』 559쪽). 이 적대적 힘으로부터 노동자는 자본이 더 성장하도록 돕는다는 조건하에서만 자신의 생계 수단을 얻는다.

자본의 지배력이 커지는 것은 노동 분업을 증가시킴으로써다. 이 현상이 일어나는 것은 자본가들이 자기네끼리의 경쟁 때문에 노동 생산성과 생산 규모를 키워야 하는데 노동 분업이 커질수록 노동 생산성이 커지기 때문이다. 이런 노동 분업의 증가는 몇 가지 결과를 낳는다.

첫째, 노동자 한 명이 열 명 몫을 할 수 있게 되면서 일자리를 얻으려는 노동자끼리의 경쟁이 증가하여 임금이 하락한다.

둘째, 노동이 단순해지고 노동자의 숙련된 기술이 무용지물로 바뀌면서 노동자는 "간단하고 단조로운 생산력"으로 전락한다(*WLC* 291.『칼 맑스 · 프리드리히 엥겔스 저작 선집 1』568쪽).

셋째, 망하는 소자본가가 증가한다. 이들이 할 수 있는 일은 노동자 계급이 되는 것뿐이다. 마르크스가 말한다. "이리하여 일거리를 요구하며 높이 치켜올린 팔들의 숲은 점점 더 울창해지지만, 팔들 그 자체는 점점 더 야위어간다"(*WLC* 293.『칼 맑스 · 프리드리히 엥겔스 저작 선집 1』571쪽).

마지막으로, 생산 규모가 커지고 생산물을 처분할 새로운 시장이 필요해지면서 경제 위기가 더욱 격렬해진다. 처음에는 새로운 시장을 개척하거나 기존 시장을 더 속속들이 쥐어짬으로써 과잉 생산의 위기를 가라앉힐 수 있지만, 생산이 확대되면서 대응할 여지가 줄어든다.「임금 노동과 자본」마지막

부분에서 자본주의는 무너지지만 자신의 노예, 즉 경제 위기에서 몰락하는 노동자를 함께 무덤으로 끌고 들어간다.

마르크스가 상기시키듯 어이없게도 이 모든 과정은 자본이 성장할 때, 즉 임금 노동에 가장 유리한 조건에서 일어난다!

「임금 노동과 자본」에는 리카도 같은 고전파 경제학자와 초창기 마르크스에게 공통된 중요한 수수께끼에 대한 답이 전혀 들어 있지 않다. 고전파 경제학자와 마르크스 둘 다 상품이 평균적으로 가치에 따라 교환된다고 주장했다. 그들은 '노동가치론', 말하자면 상품의 교환 가치가 생산에 들어가는 노동의 양과 일치한다는 이론도 주장했다. (마르크스가 나중에 썼듯 가치는 "결정화된 사회적 노동"이다(VPP 31. 『칼 맑스 · 프리드리히 엥겔스 저작 선집 3』 87쪽).) 하지만 노동은 상품이기도 하므로 여느 상품처럼 평균적으로 가치에 따라 교환되어야 한다. 따라서 하루 치 노동을 사는 자본가는 평균적으로 하루 치 노동의 가치를 지불해야 한다. 그러면 그날 노동자가 생산하는 상품의 생산 비용에 하루 치 노동의 가치가 더해진다. 그런 다음 자본가는 이 상품을 평균적으로 생산에 필요한 노동의 가치에 해당하는 가격에 판다. 그렇다면 자본가는 어디서 이윤을 얻을까?

『요강』—『자본론』과 관련 저작들의 개략적인 초고—에서 보듯 마르크스가 이 수수께끼에 대한 해답을 처음 생각해낸

것은 1857~1858년이다.

『요강』에서 가장 흥미로운 점은 그것이 마르크스의 성숙기에 쓰였음에도 용어와 논증 방법 면에서 1844년 이후 마르크스 생전에 출간된 어떤 저작보다 1844년의 『경제학-철학 수고』에 가깝다는 사실이다. 마르크스 생전에 출간된 성숙기 저작에서는 변형된 헤겔적 주제를 추적할 수 없었을지라도, 『요강』에서는 그가 헤겔 철학과 결정적으로 결별하지 않았음을 분명히 알 수 있다(『독일 이데올로기』에서 "그 이전의 철학적 의식과 결별한"다는 마르크스의 말은 헤겔 철학을 가리킨다는 것이 일반적 해석이다).

『요강』에서는 마르크스의 성숙한 경제 이론에 담긴 핵심 요소를 찾아볼 수 있다. 마르크스는 노동자를 이렇게 묘사한다.

> 노동자는 (…) 노동 자체를 **대상화된 노동**으로 교환한다. 노동이 이미 일정량의 노동을 대상화한 한에 있어서만, 즉 그의 등가물이 이미 측정되고 주어진 것인 한에 있어서만—자본은 산 노동, 부의 일반적 생산력, 부를 증대시키는 활동으로서의 노동을 사들인다. (*G* 307. 『정치경제학 비판 요강 I』 312쪽)

마르크스가 대상화된 노동과 살아 있는 노동을 이렇게 구분하는 것은 어떤 의미에서일까? 대상화된 노동은 이를테면 노동자의 하루 치 노동처럼 미리 정해진 양으로, 자본가는 이에 대해 대가를 지불한다. 대상화된 노동은 상품으로서의 노동이다. 이 상품의 교환 가치는 생산에 필요한 양, 즉 노동자의 생존과 번식을 유지하여 노동이 꾸준히 공급될 수 있도록 하는 데 필요한 양이다. 하지만 노동과 자본의 교환에는 양면성이 있다. 자본가는 노동자의 노동력을 정해진 기간—이를테면 하루—동안 사용할 권한을 얻어 이 노동력으로부터 자신이 얻어낼 수 있는 최대한의 부가 창출되도록 노동력을 사용할 수 있다. 자본가가 '살아 있는 노동'을 산다는 마르크스의 말은 이런 뜻이다. 자본가가 노동자의 노동력에서 얼마큼을 뽑아내든 노동자가 받는 몫은 일정하다.

잉여 가치

마르크스의 장례식에서 엥겔스는 마르크스의 두번째 위대한 발견이 "잉여 가치의 발견"이라고 말했다.(『칼 맑스 · 프리드리히 엥겔스 저작 선집 5』 507쪽) 잉여 가치는 자본가가 자신이 사들이는 노동력에서 (자신이 지불해야 하는) 교환 가치 이상으로 짜낼 수 있는 가치를 일컫는다. 이것은 대상화된 상품으로서의 노동 시간에서 창조적이고 생산적인 힘으로서의 노동력을 뺀 차이다.

노동자를 하루 동안 생존하고 번식하게 하는 비용이 1파운드이고 하루 치 노동이 열두 시간으로 이루어진다고 가정해보자. 그러면 열두 시간 노동의 교환 가치는 1파운드가 될 것이다. 이 수치를 넘어서는 변동은 오래가지 않을 것이다. 실업자들이 일자리를 차지하려고 경쟁하느라 임금이 낮아질 것이기 때문이다. 하지만 생산력이 발전함에 따라 노동자의 노동력을 사용하여 단 여섯 시간 만에 원재료의 가치에 1파운드를 더할 수 있다고 가정해보라. 그러면 노동자는 사실상 여섯 시간 만에 임금을 벌게 된다. 하지만 자본가는 1파운드를 주고 열두 시간의 노동력을 샀으므로 이제 나머지 여섯 시간을 사용하여 노동자에게서 잉여 가치를 짜낼 수 있다. 마르크스는 이것이야말로 자본이 노동자의 창조력을 활용하여 노동자에 대한 지배를 증대시키는 비밀이라고 주장한다.

마르크스는 1859년 「정치경제학의 비판을 위하여」에서 자신의 새로운 경제 사상을 몇 가지 발표했다. 이 저작은 7장에서 논의한 유물론적 역사관의 간결한 개요가 서문에 담겨 있는 것으로 유명하지만, 경제 사상은 8년 뒤에 출간된 『자본론』 1권에 비하면 별 볼 것 없었다. 그러니 우리는 마르크스 저작의 정점인 『자본론』으로 직행해야 한다(그림 7 참조).

7. 1842년에 개관한 옛 영국 도서관의 원형 열람실(이곳에서 마르크스가 『자본론』을 집필했다).

『자본론』

『자본론』은 '정치경제학 비판'이라는 친숙한 부제가 달려 있으며 이번에도 고전파 경제 이론을 그들 내부의 전제와 함께 폭넓은 관점에서 비판한다. 하지만 『자본론』에는 자본의 기원에 대한 역사적 자료도 담겨 있으며 (공장 감독관의 보고서 같은 정부 간행물에서 인용한) 공장 노동의 참혹한 성격에 대한 자세한 묘사도 들어 있다. 『자본론』 1장 '상품', 특히 '상품의 물신적 성격과 그 비밀'이라는 흥미로운 제목이 붙은 마지막 절을 들여다보면 이 모든 내용이 마르크스의 일반적 이론 체계와 어떻게 맞아떨어지는지 알 수 있다.

마르크스에 따르면 상품은 신비한 사물로서, 그 속에서 인간 노동의 사회적 성격을 노동 생산물의 물적 성격으로 보이도록 한다. 마르크스는 인간 두뇌의 산물이 종교 신자에게는 자립적 존재로 보인다는 사실로 이를 설명한다. 마찬가지로 상품에서도 인간들의 사회적 관계는 상품 가치의 형태로, 마치 그 가치가 물적이며 인간적 관계와 독립적인 양 나타난다. 종교 신자가 우상 앞에 절하듯 우리는 상품을 실제 이상으로 대함으로써 물신화한다.

이런 일은 어떻게 일어날까? 그것은 우리가 (사물이 우리의 필요를 충족하기 때문이 아니라) 사물을 교환하기 위해서 생산하기 시작할 때에만 일어난다. 생산물의 교환 가치는 생산에 필요한 노동의 양과 일치하므로, 교환을 위해 생산할 때 우리 노동의 가치는 사용 가치가 아니라 교환 가치가 된다. 생산물을 교환할 때 우리는 그 속에 들어 있는 서로 다른 종류의 노동을 (깨닫지 못한 채) 동등하게 취급하는 것이다.

마르크스에 따르면 상품 생산에 기반한 사회에서는 이 "사회적 생활 과정"이 "신비의 베일"로 덮여 있는데, 우리가 "자유로운 연합한 인간들"로서 생산을 "의식적 · 계획적 통제"하에 두면 베일이 벗겨진다(*C* I 173. 『자본론 I〔상〕』 103쪽). 그러면 생산물의 가치는 우리의 욕구를 충족하는 정도를 일컫는 사용 가치가 될 것이다. 애덤 스미스와 데이비드 리카도 같은 고전파 경제학자들은 생산물의 가치(즉, 교환 가치)가 생산에 들어간 노동 시간을 나타낸다는 사실을 볼 수 있을 만큼은 베일을 벗겨냈으나 이 사실을 자연 법칙이자 자명한 필연적 진리로 여겼다. 마르크스에 따르면, 그와 반대로 이 사실에는 "생산 과정이 인간을 지배하고 인간이 아직 생산 과정을 지배하지 않"는 사회의 도장이 찍혀 있다(*C* I 175. 『자본론 I〔상〕』 105쪽).

그렇다면 『자본론』의 목표는 현대 사회의 생활 과정을 덮은 신비의 베일을 벗겨 인간의 사회적 관계가 그 자신을 지배하는 이 과정을 드러내는 것이다. 따라서 『자본론』은 마르크스의 여느 저작과 마찬가지로 인간이 소외 상태—자신의 창조물이 낯설고 적대적인 힘으로 보이고, 자신의 창조물을 지배하는 게 아니라 창조물에 지배당하는 상태—에 처해 있다는 생각에 바탕을 둔다.

이 전체적 관념 안에서 『자본론』의 세부 사항들이 아귀가 맞아 들어간다. 경제 이론은 주로 첫 아홉 장에 담겨 있는데, 이것은 자본주의 사회에서 생산의 진짜 경제적 토대가 무엇인지 밝히려는 시도다. 여기서 마르크스는 고전파 경제학자들과 논쟁하면서 심지어 그들 자신의 관점에서도 자본주의의 경제적 작동 방식에 대한 자신의 설명이 그들보다 더 훌륭함을 보이고자 한다.

첫 아홉 장은 대부분 잉여 가치 개념에 대한 정지(整地) 작업과 소개로 이루어지는데, 이를 위해 『요강』에서 헤겔식 관점으로 제시한 논점을 평이한 언어로 길게 재서술한다. 사용 가치로도 볼 수 있고 교환 가치로도 볼 수 있는 상품의 양면성은 노동에도 영향을 끼친다. 하지만 노동이 특별한 것은 교환 가치의 척도라는 점에서다. 그리하여 외투 한 벌을 생산할 시간에 두 벌을 생산할 수 있는 새 기계는 한 시간짜리 노동의 사용 가치를 증가시키지만(두 벌이 한 벌보다 더 유용하므로), 한 시간짜리 노동의 교환 가치를 증가시키지는 않는다(한 시간짜리 노동은 여전히 한 시간짜리 노동이며, 외투 생산 시간이 절반으로 줄어들면 결국 노동의 가치가 그만큼 줄 것이기 때문이다). 따라서 노동의 유용성을 증가시키면 산출물의 사용 가치는 증가하지만 교환 가치는 증가하지 않는다.

이런 식으로 자본주의는 노동자를 노예로 만든다. 자본주의는 기계화와 노동 분업을 통해 인간 노동의 생산성을 부쩍 증가시키지만, 이렇게 증가한 생산성은 생산자에게 도움이 되지 않는다. 자본주의 이전 시대에 사람들이 생활필수품을 생산하기 위해 열두 시간을 일해야 했다면, 이제 노동 생산성이 두 배로 늘면 노동자는 여섯 시간의 여가를 추가로 누리거나 유용한 생산물을 두 배로 생산하거나 그 둘의 조합 중 하나를 선택할 수 있어야 마땅하다. 하지만 자본주의하에서의 노동은 교환을 위한 재화의 생산에 치우쳐 있다. 역설적이게도 이런 조건에서는 생산성이 증가해도 교환 가치가 더 많이 생산되지 않는다. 오히려 생산물 하나당 교환 가치는 떨어진다. 소규모 독립 생산자는 임금 노동자가 될 수밖에 없다. 임금 노동자를 이용하여 규모의 경제를 구현하는 대규모 생산자가 하루에 생산할 수 있는 양만큼의 물건을 생산할 수 없기 때문이다. 임금은 최저 생계비 수준으로 낮아지는 경향이 있으므로, 인간 노동의 생산성이 증가해도 절대다수의 사람은 아무런 혜택을 얻지 못한다. 어쨌거나 마르크스의 견해는 그렇다.

하지만 증가된 생산성은, 노동자의 삶을 개선하지 않는다면 어떻게 될까? 마르크스의 대답은 노동자의 산출물에서 잉여 가치의 형태로 빠져나간다는 것이다. 자본가는 노동력의 사용 가치를 얻고서 노동자에게 교환 가치만 지불한다. 노동력은 스스로 가진 가치보다 많은 가치를 생산할 수 있는 상품이기 때문에 자본가는 두 가치의 차이를 제 몫으로 챙길 수 있다.

노동자가 자신의 노동에서 사용 가치가 아니라 교환 가치만을 얻는다는 사실은 먹고살기에 충분한 돈을 벌려면 하루 종일 일해야 한다는 뜻이다. 그의 노동이 생활에 필요한 음식, 의복, 주거 등의 사용 가치를 (이를테면) 여섯 시간 만에 생산할 수 있는데도 말이다. 마르크스는 노동자가 자신에게 필요한 재화의 가치를 생산하는 여섯 시간을 "사회적으로 필요한 노동 시간"이라고 부르는데, 그 이유는 주어진 생산력 발전 수준에서 경제 체제와 무관하게 노동자가 해야 하는 노동이기 때문이다.〔『자본론 I〔상〕』 48쪽〕 나머지 여섯 시간은 잉여 노동으로, 마르크스는 이를 자본가의 이익을 위한 일종의 강제 노동으로 간주한다(*C* I 129). 마르크스에 따르면 노예 노동에 기반한 사회와 임금 노동에 기반한 사회의 본질적 차이는 이 잉여 노동이 실제 생산자인 노동자에게서 착취되는 과정을 어떻게 감추는가뿐이다.

이 모든 논의의 의미는 다음과 같다. 마르크스는 사람들이 생계를 유지하기 위해 일해야 하는 시간을 자유롭지 않은 시간으로 간주한다. "자유의 영역(realm of freedom)은 궁핍과 외부적인 편의가 결정하는 노동이 끝장나는 곳에서 비로소 진정으로 시작〔된다〕"(*C* III 958-9. 『자본론 III〔하〕』 1040쪽).

원시 사회에서는 재산을 공동으로 소유했다. 사람들은 서로에게서, 또는 자신의 노동 생산물로부터 소외되지 않았으나, 그와 동시에 인간의 생산력이 충분히 발전하지 않아서 자신의 필요를 충당하는 데 대부분의 시간을 써야 했으며 그 때문에 하고 싶은 일을 마음대로 고를 수 없었다. 생산력이 성장하여 봉건 형태의 사회가 되자 농노는 영주에게 종속되었으며 지정된 날수 동안은 자신의 땅이 아니라 영주의 땅에서 일해야 했다. 그렇기에 농노가 어느 때 자신을 위해 일하고 어느 때 영주를 위해 일하는지가 명백했다. 하지만 자신의 활동을 선택할 자유는 어느 때에도 없었다.

마르크스는 자본주의하에서 생산력이 어마어마하게 발전하면 자연의 인간 지배를 미미한 수준으로 줄일 수 있으리라고 믿었다. 이렇게 생산성이 급증하면 틀림없이 인간 자유를 엄청나게 증가시킬 수 있을 터였다. 하지만 자본주의하에서 대다수 인구는 인간 자유의 이 잠재적 증가를 누리지 못한다. 계급으로서의 노동자는 계급으로서의 자본가에 비해 낮은 지위에 있어서 자유롭지 못하기 때문이다. 노동자는 자본가가 요구하는 조건을 받아들이지 않으면 굶주려야 하며 자본가는 노동자의 노동에서 잉여 가치를 짜낼 수 있는 조건하에서만 그들을 고용할 것이다. 이것은 자본가가 잔인하거나 탐욕스러

워서가 아니라—그런 사람도 있겠지만—자본주의적 생산에 내재한 경제 법칙이 자유 경쟁을 통해 자본가 개개인을 (그가 노동자 개개인을 강제하듯) 강제하기 때문이다. (자본가와 노동자가 동등하게 강제받기는 하지만, 이 강제로부터 자본가가 받는 고통은 노동자에 비해 훨씬 적다.)

마르크스는 이 모든 논의를 아래와 같이 요약한다.

> 더 나아가, 자본은 노동자 계급으로 하여금 노동자 자신의 좁은 범위의 욕구가 요구하는 것보다 더 많은 노동을 수행하게끔 하는 강제적 관계로까지 발전했다. 그리고 타인으로 하여금 일을 하도록 만들고, 잉여 노동을 짜내며, 노동력을 착취하는 자본은 그 정력과 탐욕과 능률의 면에서 직접적인 강제 노동에 기반을 둔 종전의 모든 생산 제도를 능가한다. (C I 424-5. 『자본론 I(상)』 422쪽.)

『자본론』에서 가장 눈길을 끄는 부분은 마르크스가 자신의 경제 이론을 상술하는 장들이 아니라 자본주의적 효율의 결과를 기록하는 부분이다. 제10장 '노동일'은 일곱 살짜리 아이가 하루 열다섯 시간을 일하면 어떤 대가를 치러야 하는지를 자본가가 의식하지 못한 채 노동자에게서 점점 많은 노동 시간을 뽑아내려고 시도하는 과정을 연대순으로 기록한다. 마르크스는 노동일을 법적으로 제한하려는 투쟁이 노동자 계급에게는 "'양도할 수 없는 인권'이라는 화려한 목록"보다 더 필수적이라고 말한다(*C* I 416. 『자본론 I〔상〕』 411쪽). 다른 장들에서는 어떻게 노동 분업의 증가로 인해 숙련된 지적·육체적 기술이 무용지물이 되고 노동자가 기계의 단순한 부속으로 전락하는지, 어떻게 산업화가 가내 수공업을 망치고 수공업자를 굶주리게 하는지, 어떻게 자본주의가 지독한 빈곤 속에서 살아가며 "현역 노동자 집단"을 견제하는 비고용 노동자 "산업 예비군"을 만들어내는지, 어떻게 영국의 농업 인구가 지주와 자본가에게 땅을 빼앗기고 자신의 노동력을 팔아서만 생존할 수 있게 되었는지 설명한다(*C* I 792. 『자본론 I〔하〕』 875쪽). 마르크스가 기록한 증거는 자본주의가 "머리에서 발끝까지 모든 털구멍에서 피와 오물을 흘린"다는 그의 묘사를 입증한다(*C* I 926. 『자본론 I〔하〕』 1041쪽).(그림 8 참조)

『자본론』 제1권의 끝 대목에서는 암울한 분위기가 가신다. 마르크스는 자본주의의 법칙이 어떻게 자멸을 가져오는지 간략하게 서술한다. 한편으로는 자본가끼리 경쟁하면서 독점 자본가의 수가 갈수록 줄고, 다른 한편으로는 노동자 계급에 대한 "빈곤·억압·예속·타락·착취"가 계속해서 증대한다.〔『자본론 I〔하〕』 1045쪽〕 하지만 노동자 계급은 자본주의적 생산의 본질 때문에 더 증가하고 더 조직화된다. 마침내 둑이 터진다.

8. 산업 혁명기 영국의 한 공장.

마르크스는 초기 저작의 문체로 돌아가 뒤이은 혁명이 "부정의 부정"일 것이라고 말한다(*C* I 929. 『자본론 I(하)』 1046쪽). 이것은 낡은 의미의 사적 소유로 돌아가는 것이 아니라 자본주의의 성과에 기반한, 즉 협업과 (토지와 생산 수단의) 공동 점유에 기반한 소유로 돌아간다는 뜻이다. 자본주의가 모든 사적 소유를 제 몫으로 이미 수탈했기 때문에 전환은 비교적 수월하게 이뤄질 것이다. 이제 대중이 이 소수의 수탈자를 수탈하기만 하면 된다.

『자본론』 제2권과 제3권은 제1권에 비해 흥미가 훨씬 떨어진다. 제2권은 생산이 아니라 순환의 관점에서 쓰였으며 주로 자본이 어떻게 순환하는가를 기술적으로 논의한다. 경제위기의 기원에 대해서도 논의한다. 제3권은 제1권의 몇몇 문제, 특히 (마르크스의 설명에서 예상되는 바와 달리) 가격이 생산물에 담긴 노동의 양을 반영하지 않는다는 반론에 대처하려고 시도한다. 더 중요한 것은 자본주의하에서 이윤율이 하락하는 경향이 있다는 마르크스의 주장이다. 마르크스는 과거의 잉여 가치가 자본의 형태로 축적된다고 주장했다. 그리하여 자본은 언제나 증가하고 '살아 있는 노동' 대 자본의 비율은 언제나 감소하지만, 자본가가 이윤을 얻는 방법은 살아 있는 노동으로부터 잉여 가치를 뽑아내는 것뿐이므로 이윤율은 장기적으로 하락할 수밖에 없다. 이 모든 논의는 자본주의가 사회의 영구적인 상태일 수 없음을 보이려는 시도의 일환이었다.

마르크스의 자본주의 비판을 어떻게 생각해야 할까

마르크스와 엥겔스, 후대의 마르크스주의자들은 『자본론』을 경제학 저작으로 여긴다. 이 점에서 『자본론』은 몇 가지 골치 아픈 반론에 직면한다. 이를테면 마르크스는 살아 있는 노동으로부터 잉여 가치를 뽑아내는 데서만 이윤이 발생하며 기계와 원재료 같은 그 밖의 자본 형태는 뽑아내는 잉여 가치의 양을 증가시킬 수는 있지만 이윤을 만들어낼 수는 없다고 주장한다. 이것은 명백한 잘못으로 보인다. 미래 자본가들이 최후의 노동자를 지능형 로봇으로 대체하더라도 이윤이 말라 버리지는 않을 것이다. 생산 비용이 높은—여전히 인간 노동자에게 임금을 지불하기에—다른 회사들에 비해 경쟁 우위가 있으므로 그로부터 이윤이 흘러들 것이다. 다른 회사들이 로봇을 도입하더라도, 로봇이 만드는 제품을 가장 훌륭하게 디자인하거나 마케팅하는 자본가들이 여전히 이윤을 얻을 것이다.

임금이 언제나 노동자의 최저 생계비 수준으로 하락하는 경향이 있다는 이론, 이윤율 저하 이론, 자본주의하에서 경제

위기가 점점 심각해진다는 이론, 자본주의가 점점 많은 사람들을 노동자 계급으로 밀어넣는다는 이론, 자본주의가 임금을 낮추려면 실업 상태이거나 비정규 고용 상태로 최저 생계 수준에서 살아가는 빈민 "산업예비군"이 필요하다는 이론을 비롯한 마르크스의 다른 이론들도 상당수가 현실에서 반박되었다.

그렇다면 『자본론』의 중심 명제들은 단순한 오류이며 『자본론』은 (독일인 철학자가 자신이 훈련받지 않은 분야를 건드린 것에서 능히 예상할 수 있듯) 또하나의 엉터리 경제학 책에 불과할까? 이 견해가 조금이라도 그럴듯해 보인다면 그것은 자신의 발견이 과학적이라고 강조한 마르크스 자신의 탓이다. 그보다는 『자본론』을 "고만고만한 포스트리카도주의자"(20세기의 저명 경제학자 폴 새뮤얼슨은 한때 마르크스를 경제학자로 평가했다)의 저작이 아니라 자본주의 사회를 비판하는 저작으로 보는 쪽이 나을 것이다. 마르크스가 고전파 경제학의 결함을 폭로하고 싶었던 것은 자본주의의 결함을 폭로하기 위해서였다. 마르크스는 산업 혁명으로 생산성과 부가 어마어마하게 증가했는데도 왜 절대다수의 사람들은 전보다 못살게 되었는지 밝혀내고 싶었다. 그는 주인과 노예, 영주와 농노의 낡은 관계가 계약의 자유라는 망토 아래에서 어떻게 살아남았는지 드러내고 싶었다. 이 물음에 대한 그의 대답은 잉여 가치설이었다. 잉여 가치설은 경제학 학설로서는 과학적 검증을 통과하지 못했다. 마르크스의 경제 이론들은 자본주의하에서 벌어지는 착취의 성격과 범위에 대한 과학적 설명이 아니다. 그럼에도 자본주의가 휘두르는 힘에 의해 만들어진 사회의 모습을 생생하게 그려낸다. 이 사회에서는 생산 노동자가 자신의 억압 수단을 무의식적으로 만들어낸다. 이것은 과거의 노동 또는 자본이 살아 있는 노동을 지배한다는 사실을 뚜렷이 보여주는 인간 소외의 그림이다. 이 그림의 가치는 주제를 근본적으로 새롭게 보도록 유도하는 능력에 있다. 이 그림은 예술 작품, 철학적 사유의 결과물, 사회적 논쟁의 산물을 하나로 합친 것이며 이 세 가지 저술 형태의 장점과 단점을 둘 다 가지고 있다. 『자본론』은 자본주의의 사진이 아니라 그림이다.

제 9 장

공산주의와 혁명

공산주의는 어떻게 성취되는가

마르크스의 장례식에서 엥겔스가 말했듯 유물론적 역사관과 잉여 가치설은 마르크스 최고의 이론적 발견이었다.

하지만 마르크스는 무엇보다 혁명가였다. 그의 진정한 사명은 자본주의 사회와 그 사회가 만들어낸 국가 제도를 무너뜨리는 데 이바지하고 현대 프롤레타리아트의 해방에 기여하는 것이었다.

따라서 마르크스의 주된 사상을 온전히 설명하려면 두 가지 물음을 던져야 한다. 마르크스의 견해에서 자본주의는 어떻게 전복될 것인가? 마르크스는 어떤 종류의 사회가 자본주의의 자리를 차지할 것이라고 믿었는가?

마르크스를 '혁명가'로 부르는 것은 그가 자본주의를 무너뜨리기 위해서는 혁명이 필요하다고 믿었음을 시사한다. 『공산당 선언』에는 이 메시지가 뚜렷이 드러나 있다.

> 지금까지 우리는 프롤레타리아 계급 발전의 가장 일반적인 단계들을 그려보는 가운데, 현존 사회 내부에 다소간 잠복해 있는 내전이 공공연한 혁명으로 발화해가고 프롤레타리아 계급이 부르주아 계급을 강압적으로 붕괴시켜 자신의 지배를 확고히 굳히는 지점까지 살펴보았다. (*CM* 254. 『공산당 선언』 39~40쪽)

하지만 훗날 마르크스는 민주적 전환의 가능성을 배제하지 않았다. 1872년 마르크스가 네덜란드 방문중에 했던 언급이 실린 신문 보도에 따르면 그는 몇 나라—그는 미국, 영국, (가능하다면) 네덜란드를 언급했다—에서 노동자들이 평화로운 수단으로 목표를 달성할 수 있을지도 모른다고 인정했다. 또한 엥겔스에 따르면 마르크스는 영국에서 혁명이 "평화적 · 합법적"으로 일어날 수도 있다고 생각했다(『자본론 I(상)』 32쪽).(그림 9 참조)

20세기 여러 유럽 민주 국가에서 공산당은 평화적으로 권력을 얻기 위해 사회민주당과 협력하는 방안을 종종 거부했다. 그들의 견해는 복지 국가를 도입하는 등의 사회민주적 개혁을 하면 자본주의가 더 관용적으로 바뀌기 때문에 공산주

9. 1871년 파리 코뮌. 마르크스가 『프랑스 내전』에서 묘사했으며 종종 최초의 공산주의 혁명으로 불린다.

의를 가져올 혁명이 늦춰지리라는 것이었다. 이것은 독일에서 특히 비극적인 결과를 낳았다. 히틀러가 총리에 당선되기 전에 치러진 마지막 자유선거에서 사회민주당과 공산당은 둘이 합쳐서 나치당보다 많은 의석을 확보했으며 만일 힘을 합쳤다면 히틀러가 권력을 잡지 못하도록 할 수 있었을 것이다. 따라서 마르크스가 노동자들의 여건을 개선하려는 시도에—이것이 공산주의에 훨씬 못 미치더라도—반대하지 않았는지는 모르지만, 여건 개선은 그의 진짜 목표가 아니었다. 『공산당 선언』에서 마르크스와 엥겔스는 노동일을 열 시간으로 제한하는 입법 투쟁의 성공을 언급하면서 이런 투쟁의 "본연의 성과"는 노동자를 계급과 정당으로 조직화하는 데 기여하는 것이라고 말한다(*CM* 252. 『공산당 선언』 33쪽).

마르크스는 공산주의를 묘사하기를 꺼렸다

마르크스가 기대한 혁명의 결과는 어떤 것이었을까? 쉬운 정답: 공산주의. 문제는 마르크스가 말하는 '공산주의'가 어떤 의미이냐는 것이다.

마르크스가 공산주의 사회를 조목조목 설명하려 들지 않은 데는 이유가 있다. 그는 역사의 원동력이 관념의 발전보다는 생산력의 발전에 있다고 믿었다. 그렇다고 해서 이론이 중요하지 않다는 뜻은 아니다. 마르크스의 사명이 자본주의 전복과 프롤레타리아트 해방에 이바지하는 것이었다면, 그의 역사 이론과 경제 이론의 취지는 노동자들에게 그들이 역사에서 해야 할 역할을 보여주고 자본주의가 그들을 착취하는 방식을 의식하도록 하는 것이었다. 하지만 이론이 기존 현실을 이런 식으로 묘사할 수는 있었지만 이론이 자신의 시대를 뛰어넘는 것은 전혀 다른 문제였다. 마르크스는 모두가 더불어 행복하게 일하고 아무도 빈곤 속에서 살지 않는 미래 공산주의 사회의 청사진을 제시하면 공산주의를 실현할 수 있다고 생각한 사회주의자들을 '유토피아주의자'라며 조롱했다. 마르크스는 이 유토피아적 사회주의자들과 대조적으로 자신의 작업에는 과학적 토대가 있다고 주장했다. 그 이유는 사회주의를 만들어내는 역사 법칙에 대한 지식을 주춧돌로 삼았기 때문이라는 것이었다.

마르크스는 사회주의의 유토피아적 견해를 거부한 것과 같은 이유에서 전체로서의 노동자 계급이 혁명에 참여할 준비가 되었을 만큼 사회의 경제 기반이 발전하기도 전에 권력을 잡고 사회주의를 도입하고 싶어한 혁명 음모가들을 비난했다. 유토피아적 몽상가와 혁명 음모가는 역사 법칙이 자기네 바람에 따라 틀어지리라는 망상을 품는다. 마르크스는 자신이 이런 착각에서 자유롭다는 것을 자랑스럽게 여겼다. 그는 노동자의 혁명 의식을 고취하는 것과 여건이 성숙했을 때 일어날 혁명을 준비하는 것을 자신의 역할로 여겼다. 그는 자신이 과거와 자신의 시대를 지배하는 근본 법칙을 서술할 수 있다고 생각했지만 자신의 의지를 역사 과정에 강제할 수 없음을 알았다. 새 시대의 자유로운 인간이 만들 새로운 사회가 어떤 형태일지 예견할 수 없다는 사실도 알고 있었다.

마르크스가 공산주의에 대해 이야기한 것

적어도 이것이 마르크스의 공식 입장이었다. 하지만 그는 현실적으로 공산주의 사회가 어떤 형태를 취할 것인지 일언반구도 하지 않을 수는 없었다.

앞에서 보았듯 『경제학-철학 수고』에서 마르크스는 공산주의가 역사의 수수께끼를 해결하고 (이전의 모든 역사를 통틀어 존재한) 온갖 갈등—인간과 자연, 인간과 인간, 자유와 필연, 개인과 종 사이의 갈등—을 해소할 것이라고 주장했다. 이런 공산주의 개념은 훗날 마르크스가 사용한 특수한 의미에서가 아니라 상식적 의미에서 속속들이 유토피아적이다. 1844년에 마르크스는 공산주의를 모든 문제에 대한 해답으로, 사실상 지상 낙원으로 보았다.

『독일 이데올로기』에서도 비슷한 유토피아적 공산주의 개념을 찾아볼 수 있다. 마르크스는 공산주의 사회에서는 우리에게 제한된 업무를 강요하는 노동 분업이 사라질 것이라고 주장한다. 마르크스는 우리가 "아침에는 사냥하고 오후에는 낚시하고 저녁에는 소를 치며 저녁 식사 후에는 비판하면서도 사냥꾼으로도 어부로도 목동으로도 비판가로도 되지 않"을 수 있다고 말한다(*GI* 185. 『칼 맑스 · 프리드리히 엥겔스 저작 선집 1』 214쪽). 하지만 농촌 공산주의의 이 목가적 풍경보다 더 중요한 것은 (같은 구절에서) 개인의 특수 이해와 사회의 공동 이해 사이의 분열이 공산주의에서는 사라질 것이라는 마르크스의 주장이다. 이것은 공산주의가 인간과 인간 사이, 개인과 종 사이의 갈등을 해소할 것이라는 그의 이전 언급들과 일맥상통한다. 이것은 마르크스의 공산주의관을 이해하는 데 매우 중요하다. 바로 뒤이어 마르크스는 이 갈등이 개인의 이익과 국가가 독립적 실체로서 발전시키는 공동체의 이익 사이의 바로 그 모순에서 생긴다고 말한다. 따라서 이 모순을 어떻게 극복할 수 있을지 이해하면 공산주의하에서 국가가 철폐되리라는 유명한 마르크스주의 신조를 이해할 수 있다.

마르크스는 개인과 공동체의 문제에 대한 해법을 제시함으로써 적어도 플라톤으로 거슬러올라가는 도덕철학 논쟁에 참여했다. 플라톤은 덕스러운 행동과 공동체에 대한 봉사에서 개인의 행복을 찾아야 한다고 주장했다. 따라서 그는 행복에 대한 개인의 이익과 공동체의 필요가 조화를 이룬다고 생각했다. 하지만 플라톤의 주장은 후대 철학자들을 납득시키지 못했다.

마르크스는 사익과 공익의 분열이 사회적 존재의 불가피한 측면이 아니라 인간 발전의 특정 단계에서 나타나는 특징이라고 생각했다. 사람들이 사적 소유와 노동 분업 없이 살아가던 매우 단순한 사회가 무너진 뒤로 이런 특징이 나타났다는 것이다. 하지만 자본주의는 모든 것을 상품으로 바꿔 "인간과 인간 사이에 적나라한 이해관계, 냉정한 '현금 계산' 외에 다른 어떤 유대관계도 남기지 않"음으로써 갈등을 고조시켰다(*CM* 247. 『공산당 선언』 15쪽).

마르크스는 사적 이익과 공동체적 이익의 대립이 어떻게 극복될 수 있다고 생각했을까? 사적 소유의 철폐가 한몫할 수 있는 것은 분명하다. 깃털과 둥지가 없다면 둥지를 깃털로 장식하기란 쉬운 일이 아니니 말이다('둥지를 깃털로 장식하다 feather one's nest'는 '배를 불리다'를 뜻하는 영어 숙어다—옮긴이). 하지만 변화는 한발 더 나아가야 할 것이다. 사적 소유가 없더라도 사람들은 자신을 위해 최대한 많은 것을 쌓아두려 애쓰거나—사적 소유가 철폐되어 쌓아두는 것이 불가능해진다면 당장 소비하기 위해—공동체를 유지하는 데 필요한 업무, 특히 고되거나 위험한 일에서 발을 뺌으로써 자신의 이익을 추구할 수 있다. 이런 성향을 바꾸는 것은 인간 본성을 뜯어고치지 않고서는 불가능할 것이다.

여기서 유물론적 역사관이 공산주의의 가능성을 뒷받침한다. 마르크스의 역사관에 따르면 사회의 경제적 토대가 달라지면 우리의 의식도 달라진다. 탐욕, 이기심, 시샘은 인간의 성격에 영구적으로 각인된 것이 아니다. 사적 소유와 사적 생산 수단이 공동 소유와 사회적으로 조직화된 생산 수단으로 대체된 사회에서는 이런 나쁜 마음들이 사라질 것이다. 우리는 사적 이익에 대한 집착에서 벗어날 것이다. 새로운 사회의 시민은 모든 사람을 위해 일하는 데서 행복을 찾을 것이다. 그리하여 공산주의 사회는 새로운 윤리적 토대를 가지게 된다.

마르크스의 윤리학

레닌을 비롯한 사람들은 마르크스주의가 윤리적 판단이나 원리와 무관한 과학적 체계라고 주장했지만, 이 주장은 옳을 수 없다. 마르크스는 자본주의가 무너져 공산주의로 대체될 것이라고 예언만 한 것이 아니다. 그러한 변화가 바람직하다고 판단했다. 그가 이 판단을 명시적으로 드러낼 필요는 없었다. 자본주의와 공산주의에 대한 그의 모든 글에, 그의 끊임없는 정치 활동에 함축되어 있었기 때문이다. 마르크스의 윤리적 태도는 인간이 소외를 거쳐 완전한 자유라는 최종 상태로 나아간다는 관념에 녹아 있다.

마르크스주의에 윤리적 판단이 들어 있지 않다는 생각의 근거는 마르크스와 엥겔스의 몇몇 발언이다. 이를테면 『공산당 선언』에서 도덕은 법과 종교처럼 "그만큼 많은 수의 부르주아적 이익을 숨기고 있는 수많은 부르주아적 편견"으로 치부된다(*CM* 254. 『공산당 선언』 38쪽). 그 근거는 도덕을 사회의 이데올로기적 상부 구조의 일부로 보는 유물론적 역사관이다. 그렇기에 사회의 특정한 도덕은 경제적 토대에 의해 결정되며 지배 계급의 이익을 증진하는 데 동원될 수밖에 없다. 이 견해에 따르면 마르크스주의자들이 도덕을 지배 계급의 이익에 복무하는 것으로 여겨 거부할 법도 하다. 마르크스주의자들은 지금까지의 모든 지배적 도덕을 이렇게 치부할 것이다. 하지만 공산주의가 확립되고 계급이 사라지면 우리는 계급 도덕을 넘어서 엥겔스가 "참으로 인간적인 도덕"이라고 부른 것에 도달할 것이다.〔『칼 맑스 · 프리드리히 엥겔스 저작 선집 5』 106쪽〕

공산주의 일반에서와 마찬가지로 공산주의 도덕에 대해서도 구체적 내용은 추측하는 수밖에 없다. 공산주의가 이전의 모든 사회와 다른 점은 허위의식이 하나도 없으리라는 점이다.〔『칼 맑스 · 프리드리히 엥겔스 저작 선집 5』 553쪽〕 허위의식은 사물의 진짜 모습을 보지 못하는 것이며 그것은 사회의 상부 구조가 사회의 진짜 토대를 감출 수 있기 때문이다. 따라서 (이를테면) 노동자가 자신이 원하는 누구에게나 자신이 원하는 어떤 조건으로든 자신의 노동을 팔 수 있는 법적 자유는 봉건 농노가 영주의 땅에서 일하는 것을 회피할 자유가 없듯 노동자가 자본가에 의한 착취를 거부할 자유가 없음을 은폐한다. 계급 도덕은 허위의식에 한 겹을 더하여 노동자로 하여금 (이를테면) 투자 수익을 얻을 도덕적 권리가 자본가에게 있다고 믿게 한다.

하지만 공산주의적 생산 체계에서는 은폐할 착취가 존재하지 않을 것이다. 모든 것은 보이는 모습 그대로일 것이다. 도덕적 환각은 청년헤겔학파가 그토록 열렬히 비난한 종교적 환각과 더불어 무너져 내릴 것이다. 새로운 인간 도덕은 보편성의 허울 속에 당파적 이익을 위선적으로 감추지 않을 것이며, 모든 인간의 이익에 복무할 것이기에 진정으로 보편적일 것이다.

새로운 공산주의 도덕의 성격은 이전의 도덕과는 전혀 다를 것이며, 심지어 모든 것에 동등한 관심을 가져야 한다고 주장하는 공리주의 같은 도덕과도 다를 것이다. 마르크스는 공리주의를 여느 윤리 이론처럼 경멸했지만, 그의 경멸이 향한 곳은 일반 이익이라는 공리주의 개념이지 행복을 극대화한다는 기본적 공리주의 사상이 아니었다. 사실 마르크스는 이 사상이 "평범하기 짝이 없는 판에 박혔"다고 말했지만, 그렇다고 해서 여기에 반대한다는 뜻은 아니었다(*C* I 758. 『자본론 I〔하〕』 832쪽 주 51). 하지만 자본주의 사회에서 사람들이 일반 이익을 위해 행동한다는 말은 종종 그들이 (자신이 생각하기에) 스스로의 이익에 반하여 일한다는 말이다. 이런 조건에서 도덕이라는 개념은 부담스럽고 우리 자신의 이익에 반하는 것을 의미한다. 공산주의하에서는 개별 이익과 보편 이익의 간극이 사라지면서 도덕의 이런 측면도 사라질 것이다. 도덕은 외부에서 강요되는 명령이 아니라 사회적 존재로서 우리의 주된 욕구를 드러내는 표현이 될 것이다.

마르크스가 만년에 공산주의와 관련하여 덜 유토피아적인 견해를 발전시켰다고 말하는 사람들이 있지만, 이를 입증하는 증거는 찾기 힘들다. 『자본론』 제3권의 한 구절에서 마르크스는 『경제학-철학 수고』에서 밝힌 초창기 견해와 대조적으로 자유와 필연의 갈등을 결코 없앨 수 없으리라고 주장한다. 앞에서 인용한 이 구절에서 마르크스는 "궁핍과 외부적인 편의가 결정하는 노동이 끝장나는 곳에서 비로소" 자유가 시작된다고 말한다.(『자본론 III〔하〕』 1040쪽) 그는 우리가 자신의 필요를 충족하려고 생산할 때 자유롭지 않다는 것이야말로 사물의 "본성"이라고 덧붙인다. 따라서 "노동일의 단축은 그〔자유의〕 기본적인 전제 조건"이다(*C* III 959. 『자본론 III〔하〕』 1041쪽). 이 말이 함축하듯 자유와 필연 사이의 갈등이 완전히 극복될 수는 없으며 우리가 성취할 수 있는 최선은 필요 노동의 양을 최소한으로 줄여 우리가 자유로울 수 있는 시간을 늘리는 것이다. 이 생각은 (역시 후기의 저작이며 이전의 어떤 선언만큼이나 낙관적인) 「고타 강령 초안 비판」에서 마르크스가 공산주의에 대해 한 말과 묘하게 대조된다. 여기서 마르크스는 "개인이 분업에 종속하는 예속적 상태"가 사라지리라 예견하고 노동이 "생활을 위한 수단일 뿐만 아니라 그 자체가 일차적인 생활 욕구"가 될 때를 고대한다(GP 615. 『칼 맑스·프리드리히 엥겔스 저작 선집 4』 377쪽).

노동이 "일차적인 생활 욕구"라는 생각은 노동일의 단축이 자유의 전제 조건이라는 노동 기피적 태도와 사뭇 다르다. 이 두 견해를 화해시킬 수 있을까? 『경제학-철학 수고』의 구절을, 자유를 제약하는 것은 "궁핍과 외부적인 편의"에 의해 결정되는 노동일 뿐이라고 해석한다면 그럴 수 있을지도 모르겠다. 언젠가는 그런 종류의 노동이 인공 지능 기계로 대체될지도 모른다. 공산주의 사회에서 이런 일이 일어나면 이런 기계의 생산물은 모든 사람에게 분배될 것이며—이를테면 보편적 기본 소득을 지급함으로써—사람들은 자신이 생산하는 것의 가치가 단순히 생활필수품을 구입할 수단으로서가 아니라 그 자체로 평가되는 더 창조적인 노동에 종사할 수 있을 것이다.

「고타 강령 초안 비판」에서 마르크스는 공산주의 사회의 분배 원칙에 대한 유명한 제안을 내놓았다. "각자는 능력에 따라, 각자에게는 필요에 따라!" 이 원칙은 마르크스의 독창적 발상이 아니며 마르크스가 그다지 강조하지도 않았다. 그가 이 원칙을 언급하는 것은 사회주의 사회에서 재화를 어떻게 분배할지를 놓고 야단법석을 떠는 사회주의자들을 비판할 때뿐이다. 마르크스는 공정한 분배 원칙을 만들려고 애쓰는 것이 잘못이라고 생각했다. 그는 이런 생각을 "낡아빠진 잡소리"로 치부하며, 자본주의적 생산 양식에서는 자본주의적 분배야말로 유일하게 "공정"한 분배임을 기꺼이 인정했다. "권리는 사회의 경제적 형태……보다 결코 더 높은 수준일 수 없"기 때문이다. 「고타 강령 초안 비판」의 이 구절에서 마르크스의 목표는 "공정한 분배"와 "평등한 권리" 같은 교리를 당에 강요하는 것이 "나쁜 짓"임을 밝히는 것이었다. 자신이 옹호하는 더 현실적인 전망을 왜곡하리라는 이유에서였다. 중요한 것은 생산이지 분배가 아니다. 일단 생산 수단이 노동자들에게 집단적으로 소유되고 "개인들의 전면적 발전과 더불어 생산력도 성장하고, 조합적 부의 모든 분천이 흘러넘치"게 되면 분배 문제는 저절로 해결될 터였다(GP 615. 『칼 맑스 · 프리드리히 엥겔스 저작 선집 4』 377쪽).

공산주의적 풍요와 국가의 사멸

마르크스가 공산주의에 대해 하는 모든 말은 물질적 풍요를 전제로 깔고 있다. 유물론적 역사관에 따르면 역사 변화 배후의 원동력은 생산력 발전임을 명심하라. 사회가 어떤 형태에서 다른 형태로 바뀌는 것은 사회의 기존 구조가 생산력의 추가적 발전을 가로막는 족쇄로 작용할 때다. 하지만 공산주의는 최종적인 사회 형태다. 따라서 공산주의는 자본주의가 거침없이 이뤄낸 비약적인 생산력 발전을 물려받아 이 힘이 온전히 최대한으로 발전하도록 할 것이다. 생산은 모두의 이익을 위해 공동으로 계획될 것이며, 사적 목적을 추구하는 자본가 개개인의 (사회에 무익한) 경쟁에 허비되지 않을 것이다. 계획 경제이기에 과잉 생산의 위기는 결코 발생하지 않을 것이다. 자본주의가 노동을 헐값으로 유지하고 노동의 공급을 확보하는 데 필요한 실업 노동자 산업예비군은 모두 고용되어 생산 활동에 종사할 것이다. 기계화와 자동화는 자본주의에서 그랬듯 계속 발전할 테지만, 노동자의 처우를 열악하게 하지 않을 것이며 아마도 필요 노동 시간 또한 부쩍 감소할 것이다. 더는 노동자에게서 뽑아낸 잉여 가치가 자본가의 호주

머니를 불리지 않을 것이다. 노동자 계급은 미래의 사회적 투자만을 공제한 노동의 온전한 사용 가치를 받을 것이다. 경제가 우리를 통제하는 것이 아니라 우리가 경제를 통제할 것이다.

마르크스는 물질적 풍요와 인간 본성의 변화를 근거로 우리가 알고 있는 형태의 국가가 자본주의하에서 소멸하리라고 주장한다. 이런 일이 당장 일어나지는 않을 것이다. 자본주의적 생산 형태를 철폐하려면 우선 프롤레타리아트가 나머지 계급에 대해 스스로를 관철해야 할 것이기 때문이다. 이것은 "프롤레타리아트의…… 독재"가 될 것이다(GP 611. 『칼 맑스 · 프리드리히 엥겔스 저작 선집 4』 386쪽). 하지만 자본주의적 생산이 사회주의적 생산으로 대체되면 사회의 계급 분화가 사라지고 그와 더불어 사익과 공익 사이의 갈등도 사라질 것이다. 한 계급이 다른 계급을 억압하는 조직된 권력이라는 마르크스주의적 의미에서의 정치권력도 필요 없어질 것이다. 공산주의가 처음에는 산업적으로 가장 발전한 사회에 찾아올 것이며 국제적 성격을 띨 것이라는 마르크스의 주장에 따르면 '타국의 공격에 맞서 자국을 방어하기 위해 존재하는 조직'이라는 의미에서의 국가도 더는 필요하지 않을 것이다. 자신의 이익이 갈등을 겪게 되는 억압적 조건에서 해방된 사람들은 자발적으로 서로 협력할 것이다. 군대에 의존하는 정치적 국가는 (엥겔스의 표현에 따르면) "사멸"할 것이다.〔『칼 맑스 · 프리드리히 엥겔스 저작 선집 5』 309쪽〕 국가의 자리를 대신하는 것은 "각 개인의 자유로운 발전이 만인의 자유로운 발전의 조건을 이루"는 연합체일 것이다(*CM* 262. 『공산당 선언』 66쪽).

제 10 장

마르크스는 옳았는가?

평가

마르크스의 사상을 해설하면서 그에 대한 평가를 피할 수는 없다. 나는 마르크스의 주된 성취인 그의 역사 이론과 경제학이 과학적 발견이 아니라고 주장하면서, 엥겔스가 마르크스에게 바치고 레닌이 확정하고 이후의 정통파 마르크스·레닌주의자들이 앵무새처럼 되뇐 찬사를 이미 거부한 바 있다. 하지만 마르크스가 경제와 사회에 대한 과학적 발견을 한 것이 아니라면 그가 제대로 한 것은 무엇일까?(그림 10 참조)

첫째, 그럼에도 과학자로서의 마르크스에 대해 몇 마디 덧붙여야겠다. 마르크스는 자신의 이론이 '과학적'이라고 생각했으며 과학을 토대로 자본주의의 미래를 예측했기 때문이다. 그의 예언은 이렇게 정리할 수 있다.

10. 카를 마르크스.

자본가들이 부유해질수록 노동자들의 임금은 (소수의 단기적 예외가 있긴 하지만) 최저 생계비나 그 근처에 머물 것이다.

점점 많은 독립 생산자들이 어쩔 수 없이 프롤레타리아트가 되면서 인구는 소수의 부유한 자본가와 늘어만 가는 가난한 노동자로 나뉠 것이다.

이윤율이 하락할 것이다.

자본주의는 내부 모순 때문에 무너지거나 전복될 것이다.

프롤레타리아 혁명은 산업적으로 가장 발전한 나라에서 일어날 것이다.

한 세기 넘게 지난 뒤 마르크스의 예언은 대부분 명백한 오류로 드러났다. 그러니 마르크스에게 공감하는 누군가가 마르크스의 저작이 과학적이기에 위대하다고 주장한다면 고개를 갸우뚱할 수밖에 없다. 산업 국가에서 노동자의 실질 임금은 최저 생계비를 훌쩍 뛰어넘어 인상되었다. 이윤율은 시간과 장소에 따라 오르내리지만, 마르크스가 예언한 장기적 하락은 나타나지 않았다. 자본주의는 여러 번 위기를 겪었으나 그 어디에서도 내부 모순 때문에 무너지거나 전복되지는 않았다. 공산주의자들은 산업이 발전한 나라가 아니라 덜 발전한 나라에서 권력을 차지했다.

과학자가 이론을 검증하는 방법은 이론으로부터 예측을

끌어낸 뒤에 그 예측이 옳은지 알아보는 것이다. 마르크스의 예측처럼 빗나간 예측을 내놓는 과학 이론은 폐기되거나 최소한 대폭 수정되어야 할 것이다. 마르크스는 과학자보다는 (넓은 의미의) 철학자로 여기는 편이 낫다. 그의 예측은 헤겔 철학을 인류 역사의 발전과 자본주의 경제학에 적용하여 이끌어낸 것이다. 마르크스처럼 헤겔도 자신의 작업을 '과학적'이라고 묘사했다. 두 사람 다 독일어 단어 '비센샤프트(Wissenschaft)'를 썼는데, 이 단어는 본격적이고 체계적인 연구라면 무엇이든 포괄한다. 물론 이 의미에서 마르크스와 헤겔은 둘 다 과학자였다. 하지만 영어 단어의 현대적 의미는 더 협소한데, 엥겔스를 비롯한 마르크스주의자들이 마르크스가 과학적 발견을 했다고 주장한 것은 이 협소한 의미에서다. 우리는 헤겔을 과학자가 아니라 철학자로 여기므로 마르크스에 대해서도 대개 같은 식으로 생각해야 한다.

철학자로서 마르크스의 업적은 시대를 초월한다. 그의 업적은 역사와 사회적 존재에 대한 우리의 생각을 바꿨으며 자유로운 것이 무엇인가에 대한 우리의 이해를 깊게 했다.

자유는 마르크스의 주된 관심사였다. 그의 사상을 따른다고 천명한 정권들을 보면 역설적으로 보일지도 모르겠지만, 마르크스의 자유 관념이 지닌 의미를 가장 잘 이해하는 방법은 정부의 자유 시장 개입을 반대하는 사람들이 (마르크스의 시대와 우리의 시대에) 받아들이는 일반적인 자유주의적 자유 관념과 대조하는 것이다. 이 자유주의적 견해에 따르면 나는 타인의 의도적 간섭을 받지 않는 한 자유롭다. 나의 자유를 정당하게 제한할 수 있는 경우는 만인의 자유를 증진하기 위해서뿐이다. 그러므로 자유가 극대화되려면 모든 개개인이 타인의 의도적 간섭을 받지 않고 행동할 수 있어야 한다.

이 자유 관념은 자유방임적 자본주의를 옹호하는 이들의 경제 이론과 맞아떨어진다. 그들은 자본주의를 수많은 개인의 자유로운 선택이 낳은 결과로 묘사하기 때문이다. 이를테면 자본가가 사람들에게 일주일에 40시간 노동에 시간당 8파운드의 급여를 제시한다고 가정해보자. 누구든 타인에게 간섭받지 않고서 이 제안을 받아들일 수도 있고 거부할 수도 있다. 받아들이는 사람들이 있다면 자본가는 그들의 노동을 사용하여 (이를테면) 웃옷을 만든다. 자본가는 이 웃옷에 대해 일정한 판매가를 제시한다. 이번에도 누구든 이 가격에 살지 말지를 자유롭게 선택할 수 있다. 현재 사업을 벌이고 있는 자본가들보다 더 낫게 또는 더 싸게 웃옷을 만들 수 있겠다고 생각하는 사람들은 자유롭게 사업에 뛰어들 수 있다.

자본주의가 실제로 돌아가는 방식은 이렇게 단순하지 않지만, 이것만 놓고 보면 자유주의적 자유관을 내세워 '자본가들은 터무니없는 가격에 물건을 팔아 가난한 사람을 착취하는 탐욕스러운 자들이다'라는 비판에 맞서 자본주의를 옹호할 수 있다. 자본주의를 옹호하는 사람들은 일부 자본가가 탐욕스러울 수 있음은 기꺼이 인정하면서도 누구도 특정 자본가를 위해 일하거나 그에게 물건을 사도록 강요받지 않음을 지적할 수 있다. 따라서 자본가 개개인의 탐욕은 자유 기업 체제를 비난할 근거가 되지 않는다.

마르크스는 이러한 자본주의 옹호론이 내적 일관성을 갖추었음을 알았지만, 넓은 역사적 관점에서 자유의 자유주의적 정의에 근본적 반론을 제기할 수 있음 또한 간파했다. 일상의 사례를 들어 그런 반론을 내놓을 수 있다. 내가 교외에 살면서 시내에서 일한다고 가정해보자. 나는 출퇴근할 때 자가용을 이용할 수도 있고 버스를 탈 수도 있다. 나는 버스를 기다리고 싶지 않아서 자가용을 이용한다. 우리 동네에 사는 5만 명이 같은 결정을 내린다. 시내로 가는 길이 승용차로 꽉 막힌다. 그 결과 10킬로미터 가는 데 한 시간이 걸린다.

우리는 모두 자유로운 선택을 했다. 아무도 우리의 선택에 의도적으로 간섭하지 않았기 때문이다. 하지만 이는 누구도 원하지 않는 결과를 낳았다. 우리가 모두 버스를 탔다면 도로가 한산해서 20분 만에 출근할 수 있었을 것이다. 버스를 기다리는 불편을 감수하더라도 다들 그렇게 하고 싶을 것이다. 물론 우리는 버스를 탈 자유가 있지만, 딴 차들 때문에 버스의 속력이 느려지므로 아무도 그럴 동기를 느끼지 않는다. 우리는 모두 각자에게 유리한 쪽을 선택했지만, 결과는 누구에게도 유리하지 않다. 개인적 합리성이 집단적 비합리성으로 나타난 것이다.

분명한 해결책은 모두 머리를 맞대고 공동으로 결정을 내리는 것이다. 중지를 모으면 우리가 원하는 것을 이룰 수 있다. 우리를 제약하는 것은 자원과 기술의 물리적 한계뿐이다. 이 예에서 우리는 모두 버스를 이용하는 데 동의하거나 (적어도) 버스 전용 차로를 만들어서 버스가 혼잡 시간대에도 빨리 달릴 수 있게 할 수 있다.

마르크스는 자본주의 이전 체제에서 대다수 사람들이 자신의 운명을 스스로 통제하지 못했음을 알아차렸다. 이를테면 봉건제에서 농노는 영주를 위해 일해야 했다. 자본주의가 이전의 체제들과 달라 보이는 것은 자신을 위해 일할 수도 있고 타인을 위해 일할 수도 있는 (이론상의) 자유가 사람들에게 있기 때문이다. 하지만 마르크스는 대다수 노동자가 봉건제의 농노만큼이나 자신의 삶을 통제하지 못한다는 사실을 간파했다. 그것은 그들이 선택을 잘못했기 때문이 아니다. 자원과 기술의 물리적 한계 때문도 아니다. 그것은 무수한 개개인의 선택이 누적된 결과가 누구도—심지어 자본가도—선택하지 않은 사회로 귀결되었기 때문이다. 자유주의적 자유관을 내세우는 사람들은 우리가 타인의 의도적 간섭을 받지 않기에 자유롭다고 말할 테지만 마르크스는 우리가 자신의 삶을 지배하는 사회적·경제적 현실을 통제할 수 없기에 자유롭지 않다고 말한다. 사람들 사이의 경제적 관계는 우리의 임금과 일자리 전망만 결정하는 것이 아니라 우리의 정치, 종교, 사상까지도 결정한다. 이 경제적 관계는 사람들이 모두의 이익을 위해 협력하지 않고 서로 경쟁하는 상황으로 우리를 몰아붙인다. 그러면 우리가 자원을 이용하여 만들어낸 기술적 진보가 허사가 된다. 산업을 합리적으로 조직화하면 우리는 최소한의 노력으로 풍요로운 물질적 재화를 누릴 수 있다. 하지만 자본주의하에서 이런 진보는 생산되는 상품의 가치를 낮출 뿐이다. 그러면 노동자는 똑같은 임금을 받으며 같은 시간을 일해야 한다. 설상가상으로 경제를 전반적으로 계획하거나 관리하지 않기에 과잉 생산의 위기와—이것은 그 자체로 체제가 비합리적이라는 뚜렷한 증거다—불황이 일어나 노동자도 자본가도 바라지 않는 방식으로 경제가 돌아가게 된다. (이것을 보면 마르크스의 주장에 일리가 있다. 정부는 완전 고용을 달성하고 불황을 피해야 하는 동시에 물가 상승을 억제해야 하기 때문이다.)

경제적 관계는 맹목적 자연력인 것처럼 보인다. 우리는 경제적 관계가 우리의 자유를 제한하는 것을 보지 못한다. 실제로 자유주의적 자유관에 따르면 자유를 제한하지 않는다. 경제적 관계는 의도적 간섭의 결과가 아니기 때문이다. 마르크스는 자본가가 자기 사회의 경제적 관계에 대해 개인적 책임이 없으며 노동자 못지않게 이 관계의 통제를 받는다는 사실을 분명히 밝히고 있다(*C* I 92). 하지만 이 경제적 관계는 우리가 부지불식간에 만든 창조물이다. 의도적으로 선택하지는 않았어도 우리의 개인적 선택의 결과이며 그렇기에 우리의 의지에 종속될 가능성이 있다. 자신의 창조물에 통제받지 않는 것이 아니라 그것을 집단적으로 통제하지 못한다면 우리는 진정으로 자유로운 것이 아니다. 마르크스가 계획 경제로의 이행을 선호하는 것은 이 때문이다. 계획 경제가 아니면 인간은 자신의 운명에 대한 통제권을 자기도 모르게 시장에 넘겨준다. 하지만 우리 모두가 협력하여 경제를 계획하면 (마르크스가 보기에) 우리는 공동체로서의, 심지어 종으로서의 자유를 되찾을 수 있을 것이다.

자유주의적 정치철학에 대한 마르크스의 날카로운 비판은 1844년 『수고』에서 소외에 대한 공격의 핵심이며 그의 자본주의 분석에서 핵심 요소다. 그 뿌리는 헤겔이다. 역사적 관점을 통해 헤겔은 우리가 살아가는 사회가 우리의 필요와 욕구를 빚는다는 사실을 간파했다. 지금의 소비 사회는 아직 먼 얘기였지만 헤겔은 자유 시장 사회에서 더 나은 안락을 향한 욕망이 선천적인 것이 아니며 그로부터 이익을 얻으려는 자들이 주입한 것임을 알아차렸다. 마르크스는 한발 더 나아가 자본주의가 여느 생산 양식과 마찬가지로 우리의 욕망과 (그리하여) 인간 본성뿐 아니라 우리의 관념과 제도도 빚어냄을 알아냈다. 마르크스가 주요 정치철학자로서 홉스, 로크, 루소, 헤겔과 어깨를 나란히 할 수 있다면, 그것은 자유주의적 자유관에 대한 비판 덕분이다.

하지만 마르크스가 주창한 대안적 자유 관념에는 난점이 있다. 경제와 사회를 통제하려는 공동의 노력에서 개개인의 협력을 어떻게 얻어낼 것인가? 자유주의적 자유에 대한 마르크스의 비판에서 해결되지 않은—거의 언급되지도 않은—이 문제는 그의 사상을 따른다고 자처하는 이후의 폭압적 전제 정권들과 그의 이론을 연결하는 끈이다. 아까 들었던 통근 예로 잠시 돌아가보자. 그들이 회의를 연다. 자가용을 집에 두는 것이 더 낫겠다는 데 모두가 동의한다. 그들은 더는 교통 체증을 겪지 않아도 된다는 것에 안도하며 헤어진다. 하지만 집에 돌아가 혼자가 되자 몇몇은 이렇게 생각한다. '내일 나 빼고 다들 버스를 타면 도로가 한산하겠군. 그렇다면 나는 자가용을 가져가야지. 집에서 회사까지 편하게 갈 수 있을 뿐 아니라 뻥 뚫린 길을 달릴 수 있을 테니까.' 이기적 관점에서 보면 타당한 논리다. 대다수가 버스를 타는 한 소수는 자신을 전혀 희생하지 않으면서 다수의 공익적 행동에 무임승차할 수 있다.

다수는 어떻게 해야 할까? 공동체 성원으로서의 책임을 개개인의 양심에 맡겨야 할까? 그렇게 하면 체제가 무너질 위험이 있다. 몇몇이 자가용을 끌고 나오면 금세 남들도 뒤따를 것이다. 남 좋은 일만 시키고 싶은 사람은 아무도 없기 때문이다. 아니면 다수가 소수로 하여금 강제로 버스를 타게 해야 할까? 만인을 위한 자유의 이름으로 그럴 수 있으며 그것이 옳을지도 모른지만, 누구도 자유를 누리게 되지 못할 위험도 있다. 버스 회사가 독점이어서 비효율적으로 운영된다면 더더욱 그렇다.

마르크스는 인간 자유라는 대의에 헌신했다. 빅토리아풍 사교 오락 시간에 누군가 마르크스에게 가장 싫어하는 악덕을 대라고 하자 그는 '굴종'이라고 답했다. 그가 가장 좋아하는 격언은 "데 옴니부스 두비탄둠(De omnibus dubitandum)", 즉 "모든 것을 의심하라"였다(MC 430). 마르크스 자신의 성격에도 권위적인 구석이 있기는 했지만, 그는 레닌과 스탈린이 자신의 이름으로 권력을 휘두른 것에 틀림없이 경악했을 것이다. 기적이 일어나 마르크스가 1930년대 러시아에서 살고 있었다면 스탈린에게 숙청되었을 것이 분명하다.

여기서 철학적 사유에 대한 마르크스의 두번째 중요한 기여인 인간 본성에 대한 견해가 그의 자유 관념과 연결된다. 인간 본성이 고정되어 있지 않고 각 시대의 경제적·사회적 조건에 따라 달라진다는 마르크스의 통찰은 탐욕, 이기심, 야심 같은 성격 특질의 경제적 토대를 바꿈으로써 사회를 변화시킬 가능성을 제기한다. 마르크스는 사적 소유가 철폐되고 생산 및 교환 수단의 공동 소유가 제도화되면 사람들이 자신의 개인적 이익을 위한 특수한 욕망보다는 모두의 이익을 위한 욕망을 추구할 것이라 기대했다. 이렇게 하면 사익과 공익이 조화를 이룰 수 있다. 강압은 필요하지 않다. 공산주의가 사익과 공공선의 갈등을 끝장낼 것이기 때문이다. 강압의 실행자로서의 국가는 사멸하고, 노동자들이 운영하는 관리 기능만 남을 것이다.

인간 본성에 대한 마르크스의 견해에서 중요한 요소들이 현재 널리 받아들여지고 있기에 인간 본성에 대한 마르크스 이전의 개념으로 돌아가는 것은 생각할 수도 없는 일이다. 마르크스 자신의 이론이 과학적이지는 않지만, 그의 이론은 사람들이 먹거리를 생산하는 도구와 정치적·종교적 믿음처럼 서로 무관해 보이는 생활 영역들의 관계를 탐구하는 새로운 사회과학의 토대를 놓았다. 이 분야는 역사학자와 사회과학자에게 연구의 보고였다. 마르크스는 이 분야를 열면서 우리의 지적·정신적 삶이 경제적 존재와 독립적으로 발전한다는 가정을 산산조각 냈다. '자신을 알라'가 철학의 제1명령이라면 우리의 자기이해에 대한 마르크스의 기여는 그를 철학자로 높이 평가해야 할 또다른 이유다.

하지만 경제적·사회적 힘이 우리에게 영향을 끼칠 수 있음을 우리에게 알려준 것은 인정하더라도 그가 자신의 통찰을 극단으로 밀어붙인 탓에 틀리고 (심지어) 어수룩한 견해를 품었다는 사실은 짚고 넘어가야 한다. 인간 본성은 마르크스의 생각처럼 유연하지 않다. 이를테면 이기심은 경제적 재편이나 물질적 풍요로 없앨 수 없다. 기본적 필요가 충족되면 새로운 '필요'가 생겨난다. 우리 사회에서 사람들이 원하는 것은 단순히 옷이 아니라 근사한 옷, 단순히 비바람을 막아줄 보금자리가 아니라 부와 취향을 과시할 집이다. 그래서 자본주의 기업들은 실제로는 필요하지 않은 물건의 필요성을 우리에게 설득하려고 억만금을 쓴다. 하지만 모든 것을 광고 탓으로 돌릴 수는 없다. 건강과 안녕에 꼭 필요하지 않은 물건을 소유하고 소비하려는 욕망은 자본주의 사회가 아닌 곳에서도 생겨나며 공식 이데올로기로도 억누를 수 없다. 엄격한 획일화를 강요하지 않으면—어쩌면 심지어 그때에도—이 욕망들은 배출구를 찾을 것이다. 모든 사람의 물질적 필요를 충족하는 것 또한 영영 가능하지 않을 것이다. 바다를 내려다보면서도 도심과 가까운 한적한 주택을 모든 사람에게 제공할 수는 없다.

사회의 형태가 다르면 이기적 욕망의 형태도 달라지는 것에서 보듯 욕망을 모조리 없앨 수는 없다. 욕망은 더 기본적인 욕구의 표현일 뿐이다. 이를테면 소비재에 대한 우리의 충동은 만족할 줄을 모르는데, 그 뒤에 있는 것은 탐욕만이 아니다. 지위에 대한 욕망, 어쩌면 지위가 가져다줄 수 있는 권력에 대한 욕망도 있다. 자본주의가 이런 욕망을 강조한다는 것은 의심할 여지가 없다. 지위와 권력을 차지하려는 경쟁이 (이를테면 21세기 미국과 비교했을 때) 제한되는 사회가 있다. 심지어 그런 경쟁이 전혀 없는 사회가 있을지도 모른다. 하지만 지위와 권력에 대한 욕망은 다양한 사회의 여러 인간형에 존재하며, 줄기차게 억누르려 해도 수면으로 떠오르는 경향이 있다. 어떤 사회도—아무리 평등주의를 표방하더라도—통치자와 피통치자의 구분을 없애지 못했다. 이 구분을 지도자와 추종자의 문제로 단순화하는 데 성공한 사회도 없다. 통치자는 특별한 지위와 (대체로) 특권을 누린다. 소련 공산주의 시대에 소련의 주요 관료들은 일반 시민이 구할 수 없는 별미를 판매하는 특별 상점에 출입할 수 있었다. 중국이 자본주의 기업을 허용하기 전까지만 해도 차를 타는 것은 관광객과 당 고위층 (및 그 가족)에게만 허용된 사치였다. 모든 '공산주의' 국가에서는 옛 지배 계급이 타파된 뒤에 당 간부와 탄탄한 관료제로 이루어진 새로운 계급이 떠올랐다. 이들의 행동과 생활 양식은 그들이 맹비난하던 전임자를 점점 닮아갔다. (조지 오웰은 『동물 농장』에서 통치자 돼지들의 생활 양식 변화를 통해 이 과정을 기발하게 풍자했다.) 급기야 누구도 소련식 공산주의를 믿지 않기에 이르렀다.

공산주의 사회를 건설하려던 이 시도들에서 무엇을 배울 수 있을까? 초창기에 마르크스는 「포이어바흐에 관한 테제」에서 인간 본성에 대한 견해를 이렇게 정리했다. "인간의 본질은 각각의 개체 속에 내재하는 추상물이 아니다. 인간의 본질은 그 현실에 있어서 사회적 관계들의 앙상블(ensemble)이다" (T 172. 『칼 맑스 · 프리드리히 엥겔스 저작 선집 1』 186쪽). 이 선언은 인간 본성이 지배적 사회 관계에 의해 영향을 받으며 (따라서) 사회의 종류가 달라지면 인간 본성도 달라진다는 중요한 통찰을 담고 있지만, 오해를 살 만큼 편파적이기도 하다. 인간 본성에는 (전부는 아닐지라도) 대다수 인간에게 내재하는 요소가 분명히 존재한다. 그런 요소는 사회 관계나 사회의 경제적 토대를 바꿔도 없어지지 않는다. 인간 본성에 대한 마르크스의 오류를 살펴보면 마르크스주의자를 자처한 여러 공산주의 형태가 실패한 이유를 이해할 수 있다. 사회적 · 경제적 조건을 바꾸면—또한 얼마나 바꿔야—인간 본성을 변화시킬 수 있을까의 문제와 관련하여 이제 우리는 마르크스가 알지 못했던 증거를 많이 가지고 있다. 이를테면 생산 수단의 사적 소유를 철폐함으로써 평등주의적 사회를 건설하려던 신중한 시도가 실패했다는 사실, 자본주의든 아니든 인간 사회—또한 사회적 포유류를 비롯한 비(非)인간 사회—에 위계적 성격이 있다는 사실 등이 있다. 왜 그럴 수밖에 없는가에 대한 진화적 이유도 있다. 사회적 포유류 중에서 서열이 높은 개체는 번식하고 자녀의 생존을 보장하기에 유리하다. 따라서 이런 종에서는 지위를 놓고 경쟁하는 성향이 수백만 년의 진화 과정에서 선택되어 이제는 본능이 되었을 가능성이 있다. 인간은 사회적 포유류이므로, 우리 또는 우리 중 상당수가 권력이든 부든 사회적 지위든 계층의 사다리를 올라가려는 욕망을 물려받지 않았다면 오히려 이상할 것이다. 그런 욕망을 물려받은 것이 사실이라면, 인간의 갈등하는 이익들을 조화시키는 일은 마르크스가 생각한 것만큼 쉽지 않을 것이다.

이 결론을 감안하면 마르크스의 낙관적 제안은 생각도 못한 결과를 낳는다. 사회의 경제적 토대를 바꿔도 개개인이 자신의 이익과 사회의 이익을 같은 것으로 보도록 하지 못한다면 마르크스가 상상한 공산주의는 폐기되어야 한다. 마르크스는 공산주의 사회에서 개개인이 집단적 이익을 위해 자신의 이익을 희생하도록 강요할 의사가 전혀 없었다. 적어도 사회의 경제 구조가 사회적 소유로 전환되고 (마르크스가 전제했듯) 인간 본성이 이 변화에 맞게 바뀌는 동안의 짧은 기간을 지나서까지 지속되리라고는 결코 생각지 못했다. 강압을 동원해야 한다는 것은 소외가 극복되는 것이 아니라 인간이 인간으로부터 소외되는 현상이 계속된다는 뜻이다. 강압적 사회에서는 역사의 수수께끼가 해결되는 것이 아니라 새로운 형태로 재진술될 뿐이다. 계급 지배를 끝장내는 것이 아니라 옛 계급을 새로운 지배 계급으로 대체하는 것이다. 물론 마르크스가 예견하지 못한 독재를 가지고 그를 비난해서는 안 된다. 예견했다면 그도 독재를 비난했을 것이다. 그럼에도 마르크스가 상상한 공산주의 사회와 20세기 '공산주의'가 취한 형태 사이의 거리는 결국 인간 본성의 유연성에 대한 그의 잘못된 관념으로 거슬러올라갈 수 있을 것이다.

마르크스가 1874년에 바쿠닌의 『국가제와 무정부』를 읽다가 여백에 남긴 메모를 오늘날 읽는 것은 슬프면서도 얄궂은 일이다. 마르크스는 제1인터내셔널 시절에 무정부주의자 라이벌 바쿠닌의 저작에서 구절들을 옮겨 적은 뒤에 각 구절에 자신의 논평을 달았다. 그래서 메모는 아래와 같이 대화처럼 읽힌다.

> **바쿠닌:** 국가를 대변하고 통치하는 모든 사람들에 대한 보편 참정권—이것은 마르크스주의자와 민주주의 학파의 금과옥조다. 이것들은 소수 지배층의 폭정을 가리는 거짓말이며, 이 소수가 이른바 인민의 의지를 표현하는 것처럼 보인다는 점에서 더더욱 위험한 거짓말이다.

마르크스: 집단적 소유하에서는 이른바 인민의 의지가 조합의 참된 의지에 길을 내주기 위해 사라진다.

바쿠닌: 그 결과 소수 특권층이 절대다수를 지배한다. 하지만 마르크스주의자들은 이 소수가 노동자로 이루어졌으리라고 말한다. 물론 그렇긴 하지만, 그 노동자는 전직 노동자다. 인민의 대변자나 통치자가 되는 순간 그들은 더는 노동자가 아니다.

마르크스: 그렇지 않다. 오늘날의 제조업자가 시의회 의원이 되더라도 그는 여전히 자본가 아닌가.

바쿠닌: 그들은 국가의 상층부에서 노동자들의 평범한 세계 전체를 내려다보기 시작한다. 그 이후로 그들은 인민이 아니라 자신을 대변하며, 인민을 지배할 자신의 주장을 대변한다. 이것을 의심하는 사람은 인간 본성에 대해 아무것도 모르는 사람이다.

마르크스: 바쿠닌 씨가 실상을 알았다면, 노동자 조합에서 관리자 지위에 있어보기만 했더라면, 권위주의에 대한 모든 악몽을 떨쳐버릴 수 있었을 것이다. 그는 자신에게 물어야 했다. 노동자 국가—그가 이렇게 부르고 싶다면—의 토대 위에서 관리 기능은 어떤 형태를 취할 수 있겠느냐고. (B 608)

마르크스주의의 비극은 여러 나라에서 시도된 노동자의 통치가 마르크스의 대답이 아니라 바쿠닌의 비판을 뒷받침한다는 것이다. 이오시프 스탈린, 마오쩌둥, 김일성, 폴 포트 같은 인물을 통해, 권위주의에 대한 바쿠닌의 악몽은 끔찍한 현실이 되었다.

마르크스의 견해에는 (돌이켜보건대) 공산주의의 권위주의적 형태에 부합한다고 볼 수 있는 또다른 요소가 있다. 앞에서 보았듯 마르크스의 예측 중 하나는 사적 소유를 철폐하는 프롤레타리아 혁명이 산업적으로 가장 발전한—노동자 계급이 인구의 절대다수를 차지하는—나라에서 일어나리라는 것이었다. 노동자들은 아무것도 소유하지 않고 근근이 먹고살기 때문에 (마르크스와 엥겔스의 유명한 선언에서처럼) "족쇄 외에 잃어야 할 것이 아무것도 없"다(*CM* 271. 『공산당 선언』 98쪽). 따라서 노동자들이 공산주의를 열렬히 지지하리라는 기대는 타당했다. 하지만 최초로 성공한 공산주의 혁명은 유럽 열강 중에서 산업화가 가장 뒤처진 러시아에서 일어났다. 1917년 러시아에서는 소규모 산업 노동자 계급보다 농업 노동자와 소규모 농촌 지주가 훨씬 많았다. 농촌 지역은 도시 지역보다 대체로 더 보수적이며 농촌 지주들은 사적 소유가 철폐되면 잃을 것이 많았다. 따라서 러시아에 공산주의를 심는 유일한 방법이 상당한 무력을 동원하고 (저항이 벌어지면) 잔혹성의 강도를 점점 높이는 것이었음은 놀랄 일이 아니다(급기야 수백만 명이 살해되거나 투옥되었다).

뒤이은 공산주의 혁명들도 중국, 북한, 베트남, 쿠바, 캄보디아, 라오스처럼—적어도 소련의 영향력 덕에 공산주의자들이 권력을 잡은 나라를 제외한다면—산업화가 거의 또는 전혀 되지 않은 나라에서 성공을 거뒀다. 이 나라들에서 공산주의 정부는 억압의 정도는 다르지만 모두 권위주의적 형태를 취했다.

마르크스는 자본주의가 낭비적이고 비합리적인 체제이며, 우리에게 통제되어야 마땅한데도 우리를 통제한다는 사실을 간파했다. 이 통찰은 여전히 유효하지만, 지금까지 살펴보았듯 자유롭고 평등한 사회를 건설하는 것은 마르크스가 생각한 것보다 훨씬 힘든 일이다.

제 11 장

마르크스는 여전히 유효한가?

마르크스의 명성

마르크스가 죽은 지 수십 년이 지나면서 그의 업적은 점점 더 널리 인정받았다. 20세기 초에 마르크스주의는 특히 유럽에서 좌파의 지배적 이데올로기였다. 사회주의 정당이 인기를 끌면서 마르크스의 영향력도 커졌는데, 특히 독일에서는 제1차세계대전 이전에 사회민주당이 어느 정당보다 많은 표를 얻었다. 1917년 러시아에서 볼셰비키 혁명이 성공하자 마르크스의 명성은 더더욱 커졌다. 1918년 제1차세계대전 종전과 제2차세계대전 종전 사이에 벌어진 거대한 이데올로기 투쟁은 마르크스주의, 파시즘, 자유주의적 민주주의 사이에서 벌어졌다. 1945년 이후에 적군(赤軍)은 동유럽과 중유럽 대부분에 소련식 마르크스주의를 도입했다. 중국을 비롯하여 북한, 북

베트남, 쿠바, 나중에는 통일 베트남, 캄보디아, 라오스도 마르크스주의를 받아들였다. 한편 아프리카, 라틴아메리카, 인도 아대륙에서는 마르크스주의 정당이나 혁명 운동의 영향력이 커졌다. 1945년 이후 40년 동안 수많은 정권이 마르크스의 업적을 칭송하면서 그의 명성은 절정에 이르렀다. 이것을 마르크스의 영향력이 절정에 이른 것으로 볼 것인가는 공산주의 정권들이 마르크스의 사상을 제대로 반영했다고 판단할 것인지, 아니면 끔찍하게 왜곡했다고 판단할 것인지에 달렸다.

1991년에 소련과 연방 각국이 무너지고 유럽의 위성 국가들이 공산주의를 버리면서 마르크스의 명성이 갑자기 추락했다. 그 뒤로 마르크스주의를 채택한 나라 중에 으뜸은 중국이다. 오늘날 세상에서 마르크스가 유효한가를 논의하려면 14억 가까운 중국인이 중국공산당의 통치하에 살아간다는 사실에서 출발해야 한다. 당헌에 따르면 중국공산당은 마르크스 · 레닌주의와 더불어 마오쩌둥, 덩샤오핑, 최근의 중국 지도자들이 발전시킨 견해를 고수한다. 공식적으로 마르크스의 사상은 이 모든 견해의 토대로 간주되며 그 결과는 '중국식 사회주의(中國特色社會主義)'로 불린다(그림 11 참조).

1978년 덩샤오핑이 사기업의 설립을 허용하면서 시작된 개혁의 시대는 마르크스주의와의 결정적 단절로 간주되기도 한다. 덩샤오핑은 고양이만 잡으면 검은 쥐든 흰 쥐든 상관없

11. 중국 충칭에 있는 마르크스 조각상.

다는 유명한 말을 남겼다. 일반적으로 이 말은 필요한 것을 효율적으로 생산하기만 하면 기업을 국가가 소유하든 개인이 소유하든 상관없다는 뜻으로 해석된다. 마르크스의 견해와는 사뭇 상반된 것으로 들린다. 이것은 훗날 중국 지도자들이 마르크스주의를 들먹이는 것이 입발림에 불과하다는 뜻일까?

덩샤오핑의 경제 개혁은 엄청난 성공을 거둬 8억 명 넘는 인구를 극단적 빈곤에서 구출했다. 오늘날 중국의 모습과 느낌은 활기찬 시장 경제가 돌아가는 자본주의 국가와 무척 비슷하다. 상하이 증권 거래소는 시가 총액 면에서 세계 3대 증권 거래소로 꼽히며 중국은 (미국 달러로 환산한) 억만장자가 미국보다 많다. 번영의 대가는 소득 불평등이었다. 중국의 소득 분포는 영국 또는 사실상 유럽 어느 나라보다 훨씬 불평등하며 심지어 미국보다도 불평등하다. 이 현상은 마르크스가 상상한 사회 형태와 양립할 수 없어 보인다. 그럼에도 2016년 중국공산당 창당 95주년 기념 대회에서 시진핑 주석은 마르크스주의를 다시 강조하며 이렇게 말했다. "우리가 건설하는 것은 다른 어떤 '주의'가 아니라 중국식 사회주의임을 당 전체가 명심해야 합니다." 하지만 마르크스주의가 중국에서 어떻게 이해되는지, '중국식 사회주의'가 무엇을 뜻하는지는 여전히 불분명하다.

중국인들의 손안에 있는 마르크스주의는 정치적 내용이 제

거된 마르크스주의로 보인다. 이를테면 왕웨이광(王偉光)의 논문 「마르크스주의가 중국에서 거둔 위대한 승리馬克思主義在中國的偉大勝利」를 보라. 논문 저자는 평범한 학자가 아니다. 왕웨이광은 2012년에 중국공산당 중앙위원회 위원이 되었으며 이듬해에 중국사회과학원 원장에 임명되었다. 그렇다면 중국의 고위급 학자이자 정치 엘리트 왕웨이광은 마르크스주의를 어떻게 이해하고 있을까? 그는 이렇게 썼다. "마르크스주의에 헌신한다는 것은 궁극적으로 우리의 정신을 해방시키고 사실로부터 진리를 추구하는 이념적 노선을 따라야 한다는 뜻이다. (…) 사실로부터 진리를 추구하는 것은 마르크스주의의 살아 있는 정신이요 중국식 마르크스주의의 본질이다."

열린 마음을 가지고 사실로부터 진리를 찾는 것은 의심할 여지 없이 훌륭한 태도이지만, 비단 마르크스주의뿐 아니라 좌우를 막론한 온갖 실용주의자들이 취할 수 있는 태도이기도 하다. 계속해서 왕웨이광은 "대중과의 긴밀한 유대를 유지할" 것을 강조한다. 마르크스도 이것이 공산당에 꼭 필요하다고 여겼을 것이다. 하지만 중국의 경제적 성공이라는 사실에서 도출되는 진리가 '대중이 번영하는 길은 자본주의 시장 경제로 이어진다'라는 것이라면, 이것을 여전히 마르크스주의라고 부를 수 있을지 의문이 들지 않을 수 없다. 국가가 경제를 엄격하게 통제하던 마오쩌둥 치하에서 중국이 빈곤을 극복하는 데 형편없는 실적을 거둔 반면에 덩샤오핑의 경제 개방 이후 눈부신 경제 성장을 거두었다는 사실은 그 자체로 마르크스주의 경제학을 확고하게 반박한다. 아이러니한 것은 이 반박이 중국공산당의 지도하에 제기되었다는 것이다.

불평등

2007~2008년 세계 금융 위기가 벌어진 뒤로 금융 산업에 대한 비판이 널리 제기되었으며 위기를 낳은 위험 대출의 재발을 방지하기 위한 규제가 시도되었다. 이로써 부가 소수에게 독점된다는 사실에 관심이 집중되었으며, 이는 (2011년 뉴욕 금융가에서 벌어진 항의 시위로 시작된) 월가 점령 운동으로 (간접적으로) 이어졌다. 월가 점령 운동에서 제기한 사안들은 기업의 정치적 영향력과 지난 10년간의 경제적 이익이 대부분 상위 1퍼센트 부자에게 돌아갔다는 사실을 비판한다는 점에서 마르크스의 자본주의 비판과 일맥상통했다. 당시에 이 시위들은 자본주의 전복을 목표로 하는 운동에 마르크스가 여전히 영감을 불어넣는다는 사실을 보여주는 듯했다. 하지만 월가 점령 운동은 결국 유의미한 변화를 이끌어내는 데 실패했다. 자본주의 체제는 자본가 개개인의 부정과 무능력을 흡

수할 수 있었으며, 그리하여 위기는 다시 한번 자본주의의 복원력을 입증했다.

(월가 점령 운동에서 제기된) 불평등에 대한 우려는 프랑스의 경제학자 토마 피케티의 깜짝 베스트셀러 『21세기 자본』에서 사실로 확인되었다. 제목에서 보듯 피케티가 책을 쓴 목적은 마르크스가 그의 시대에 한 일을 우리 시대에 해내는 것, 즉 자본주의의 미래를 예측할 수 있는 종합적 자본주의 이론을 내놓는 것이었다. 피케티의 분석에는 마르크스의 몇몇 주제가 반영되어 있지만, 피케티가 주류 고전파 경제학에 속해 있는 반면에 마르크스는 외부자의 입장에서 비판을 제기했다. 피케티는 역사 자료를 근거로 자본주의하에서 자본 투자의 수익률이 경제 성장률을 웃도는 것이 정상이라고 주장한다. 그 결과 투자할 자본이 있는 사람들은 노동을 팔아야 하는 사람들보다 빠르게—심지어 노동자가 고임금의 형태로 경제 성장에 대한 자신의 몫을 받더라도—부를 증가시킨다. 자본주의의 내재적 경향은 이렇듯 불평등을 증가시킨다.

피케티는 자본주의하에서 어떤 상황에서도 불평등 증가가 불가피하다고 주장하지는 않는다. 제2차세계대전 이후에는 반대 방향의 움직임이 일어났다. 정부는 부자에게 높은 세금을 부과하고 가난한 사람들을 위한 사회 보장을 개선했다. 왜냐하면 양차 세계대전의 참화 및 1930년대 불황과 맞서 경제를 회복하려면 희생을 분담하고 강한 공동체 연대감을 고취해야 했기 때문이다. 그 덕에 높은 경제 성장률이 달성되어 부유층 증세를 통해 광범위한 사회 복지 체계를 확립하는 것이 가능하고도 바람직해졌다. 상대적으로 평등한 자본주의의 이 '황금기'는 약 30년밖에 지속되지 못했다. 경제학자 사이먼 쿠즈네츠는 이것을 나라가 부유해질수록 불평등이 감소하는 증거로 보았다. 이에 반해 피케티는 전후 시기를 일탈로 보았으며 '쿠즈네츠 곡선'을 (널리 받아들여지는) 비슷한 경제 이론들과 마찬가지로 이데올로기에 물든 냉전 시대 허구—시장 경제가 자본주의 사회에 번영과 평등을 둘 다 가져다주므로 공산주의는 필요하지 않다는 논리—로 보았다.

1975년이 되자 유럽과 미국에서 경제 성장이 느려지고 상속세가 폐지되거나 유명무실할 정도로 인하되었으며 불평등 추세가 금세 재개되었다. 피케티에 따르면 우리는 마르크스 시대에, 심지어 제인 오스틴의 시대에 팽배했던 불평등 수준으로 돌아가고 있다. 재산을 물려받거나 부유한 배우자를 찾는 것이 열심히 일하는 것보다 훨씬 나은 경제 전략이던 시절 말이다. (피케티는 문학을 경제학에 접목한다는 점에서 마르크스를 닮았다. 마르크스에게는 셰익스피어와 괴테가 있었고 피케티에게는 오스틴과 발자크가 있다.)

앞에서 보았듯 마르크스는 자본주의가 이익을 얻는 동안

노동자가 점점 가난해지는 경향을 "일거리를 요구하며 높이 치켜올린 팔들의 숲"에 비유했다. 숲은 섬점 울창해지지만 팔들은 점점 야위어간다. 피케티는 야위어가는 팔에서 암시되는 아사 직전의 기아처럼 끔찍한 결과를 예견하지는 않는다. 심지어 빈곤층이 절대적 측면에서 더 가난해질 것이라고 주장하지도 않는다. 그는 자본주의 경제가 높은 소득 수준을 달성하면 1인당 경제 성장이 기술 발전으로 인한 수준까지 느려질 수밖에 없다고 생각하는데, 그의 추정치는 약 1~1.5퍼센트다. 이것은 유럽, 미국, 일본에만 해당하는 것이 아니다. 중국도 부자 나라들을 따라잡으면 경제 성장이 지체될 것이다. 피케티는 마르크스와 마찬가지로 자신이 자본주의 경제의 일반 법칙을 발견했으며 인도를 비롯한 모든 개발도상국과 아프리카 나라들에도 같은 법칙이 적용된다고 주장한다. 1인당 경제 성장이 느려지면, 노동자의 소득 증가는 비슷하게 느려질 테지만 투자할 자본이 있는 사람들의 소득은 더 빠르게 증가할 것이다. 이런 탓에 노동자의 형편이 절대적 측면에서 향상되더라도 불평등은 증가할 것이다.

경제학에 대한 마르크스의 접근법에 동조하는 현대 사상가들의 관점에서 보면, 자본주의에 내재한 불평등을 피케티가 입증한 것은 부자가 생산성이나 기술 덕분에 부자라는 신고전파 경제학자들의 주장을 반박하는 반가운 해독제다. 피케티의 분석에 따르면 자본을 소유하고 있으면 노동을 팔아서 먹고사는 사람보다 빠르게—그 노동이 아무리 숙련되었더라도—부가 증가한다. 마르크스주의자들은 자본주의가 불평등을 줄이는 경향이 있어서 사회민주주의의 재분배 정책이 불필요하거나 심지어 생산성에 역효과를 낸다는 신고전파 경제학자들을 반박하는 데에도 피케티의 분석을 활용할 수 있다. 자본주의가 만들어내는 불평등 증가의 유일한 현실적 해법으로 피케티가 지지하는 것은 자본세다. 문제는 자본이 다른 나라로 흘러나가지 않도록 하려면 모든 나라가 자본세를 도입해야 하는데 이것이 정치적으로 실현 가능한지에 대해 그가 회의적이라는 사실이다.

이 지점에서 신마르크스주의자들은 피케티의 분석이 자본주의의 불평등 증가 경향을 제대로 설명하지 못한다고 생각한다. 피케티는 소득 상위 1퍼센트를 '지배층'으로 지칭하기는 하지만 이 계급이 지배력을 유지하려고 어떻게 힘을 휘두르는지에 대해서는 별말을 하지 않는다. 미국에서는 지배층이 국민 주권과 정치적 평등이라는 민주주의적 이상을 훼손하는 메커니즘이 어느 때보다 뚜렷이 드러난다. 2010년 '시민연합 대 연방선거위원회' 재판에서 미국 대법원은 표현의 자유를 헌법적으로 보호하기 위해 여러 종류의 정치적 지출을 정부가 제한해서는 안 된다고 판결했다. 이로 인해 극소수 억만장자들의 선거 자금 기부 액수가 극적으로 늘었으며 그들의 정치적 영향력도 부쩍 커졌다. 피케티가 자신의 '글로벌 부유세' 제안을 '유토피아적'으로 여기는 것은 놀랄 일이 아니다.〔『21세기 자본』(글항아리, 2014) 789쪽〕

마르크스는 자본주의 사회의 사법 체계에서 부자들이 자신의 부를 이용하여 정치적 영향력을 행사할 권리가 정치적 평등의 민주주의적 이상보다 우위에 놓이는 것을 보고도 놀라지 않았을 것이다. 그럼에도 마르크스와 피케티의 공통분모를 과장해서는 안 된다. 마르크스는 자본주의하에서 최저 생계비를 초과하는 노동자의 임금 상승은 결코 오래가지 못할 것이라고 생각했다. 피케티는 선진 자본주의 나라들에서 노동자의 임금이 최저 생계비보다 훨씬 높음을 알고 있으며 더디기는 하지만 계속 상승할 것이라고 생각한다. 마르크스는 자본주의가 내부 모순 때문에 혁명으로 전복될 수밖에 없다고 생각했다. 피케티는 자본주의가 영영 지속될 것이라고 생각한다. 둘 다 옳을 수는 없다.

세계화 시대의 마르크스

『공산당 선언』의 유명한 구절에서 마르크스와 엥겔스는 자본주의가 자신을 가로막는 모든 것을 없애버리는 혁명적 힘을 가졌음을 생생하게 묘사한다.

> 노후하고 고정된 온갖 관계들은 그에 따른 낡고 고루한 여러 관념이나 견해들과 더불어 소멸된다. 그리고 설령 그런 관계들이 새로이 형성되더라도 그것들 모두는 골격을 갖출 수 있기도 전에 시대에 뒤떨어지게 된다. 신분적인 것이나 기존에 존립해 있는 일체의 것이 연기처럼 사라지고, 일체의 신성한 것이 더럽혀지며, 인간들은 마침내 자신의 생활상의 지위, 자신들 상호 간의 관계를 서로 냉담한 눈으로 보도록 강제된다.(『공산당 선언』 17쪽)

마르크스와 엥겔스는 이 힘이 한 나라나 한 대륙에 국한되지 않는다고 지적한다.

> 자신의 생산물의 판로를 항상 더욱더 확대하려고 하는 욕망에 이끌려서, 부르주아 계급은 전 지구를 바삐 돌아다닌다. 그 어떤 곳에서도 그들은 둥지를 틀고, 또 어떤 곳이든 개척하며, 또 어디에서나 관계를 맺지 않으면 안 된다. (…) 옛날부터 있어온 국민적 산업들은 궤멸되었거나 지금도 매일 궤멸되고 있다. (…) 과거에는 각 지역이나 국민 단위로 자립하고 자족하는 삶을 살았지만, 이제는 전방위적인 교류, 국민들 상호 간의 전면적인 의존관계가 나타난다. 물질적 생산에서와 동일한 것이 정신적인 생산

에서도 일어난다. 개개 국민들의 정신적인 생산물은 공동의 재산이 되기 때문이다. (*CM* 248-9. 『공산당 선언』 18~19쪽)

마르크스와 엥겔스 당시에 자본주의는 이미 국제적이었지만, 오늘날은 모든 것이 더 큰 규모에 훨씬 빠른 속도로 일어나고 있다. 국제 무역의 장벽이 낮아지고 그 덕에 아시아에서 제조업이 성장하자 유럽과 북아메리카에서 산업이 모조리 사라졌다. 디지털 기술과 인터넷은 다른 산업과 직업을 위협한다. 필름 제조를 주름잡던 코닥을 기억하는 사람이 누가 있는가? 전화번호부를 찾아보거나 종이 지도를 들고 도시를 돌아다니는 사람이 어디 있는가? 탐사 언론은 버팀목이던 신문이 광고 수익을 인터넷에 빼앗기면서 비틀거리고 있다. 거액을 주고 면허를 딴 택시 운전사들은 차량 공유 앱들 때문에 소득이 반토막 났다. 온라인에서 살 수 있는 제품을 판매하는 소매점들도 위협을 받는다. 수많은 사람들이 프리랜서로 살아가며 컨설팅 서비스에서 음식 배달에 이르는 임시직을 얻으려고 문자 메시지를 기다리는 긱 경제(gig economy)는 일과 삶의 균형을 유지할 유연성을 늘리지만 경제적 불안정을 증가시킨다. 게다가 로봇과 인공 지능이 가져올 변화에 비하면 이 변화들은 아무것도 아닐 것이다. 마르크스와 엥겔스가 지적했듯 정신적인 생산물이 공동의 재산이 되는 것은 법적인 의미에서가 아니라 신기술의 영향이—소프트웨어가 애플이나 마이크로소프트나 구글의 소유든 오픈 소스든—세계 구석구석에 닿는다는 의미에서다.

우리 시대의 세계화는 마르크스의 지구적 자본주의가 심화된 것이지만, 그 결과에 대한 마르크스의 예측은 틀렸다. 마르크스는 자유 무역이 성행하면 냉혹한 경제 법칙이 온 세상을 지배하여 국제적 노동자 계급을 단합시키고 다가올 반(反)자본주의 혁명을 앞당길 것이라고 예견했다. 국제적 무역 장벽이 낮아지면서 자본주의를 접하는 인구의 비율이 훨씬 커진 것은 사실이지만 전 세계 자본주의를 무너뜨릴 수 있는 혁명이 일어나는 것은 고사하고 국제적 노동자 계급이 단결하지도 않았다.

일부 마르크스주의자는 자본주의의 세계적 팽창으로 인해 산업국들이 혁명을 (일시적으로나마) 늦출 수 있을 것임을 마르크스가 예측하지 못한 이유는 산업국의 대다수 노동자가 개발도상국 노동자에 대한 착취로부터 혜택을 입기 때문이라고 주장한다. 그중에서 더 낙관적인 사람들은 전 세계 노동자가 마침내 현실을 파악하고 다시 단결하여 마르크스의 예언을 실현시킬 것이라고 주장한다. 이 견해에 따르면 마르크스가 맞히지 못한 것은 혁명이 언제 일어날 것인가뿐이다.

이 주장은 얼마나 참일까? 우선 지금의 전 세계 경제 질서가 정말 전 세계 빈곤층에 대한 자본주의적 착취의 형태인지 물을 수 있다. 국제 구호 단체 옥스팜은 2017년에 벌인 캠페인에서 전 세계 최고 부자 8명의 재산이 전체 인구 중 가난한 절반—무려 36억 명—의 재산과 맞먹는다고 지적했다! 이런 극단적 불평등은 분명히 불공정해 보이지만, 불평등만 놓고 보면 최고 부자 8명이 세계의 가난한 절반이 더 가난해지도록 함으로써 재산을 벌었다고 결론 내릴 수는 없다. 이 억만장자들은 제품을 발명하여 부자가 되었고 그 공장들은 노동자들에게 더 나은 일자리를 제공했을 가능성도 있다. 제품 자체가 가난한 사람들을 더 잘살게 했을지도 모른다. 이를테면 저개발국 농촌 지역의 소농들은 휴대폰으로 얻은 정보를 가지고서 농작물 가격을 더 잘 받을 수 있었다. 물론 억만장자 8명이 훨씬 해로운 방법으로 돈을 벌었을 수도 있다. 자본주의의 전 세계 확산 때문에 가난한 사람들이 잘살게 되었는지 못살게 되었는지 판단하려면 더 많은 것을 알아야 한다.

세계 경제 질서의 일부 측면이 부자들에게 유리하도록 기울어져 있다는 것은 의심할 여지가 없다. 하나만 예를 들자면, 초국적 기업들은 (무력으로 권력을 잡고 자유선거를 허용하지 않는) 독재자들에게서 석유와 광물을 사들이는데, 이 독재자들은 이렇게 번 돈으로 더 많은 무기를 사서 권좌를 유지한다. 이것이 장물을 사는 것과 뭐가 다른가? 이런 행태는 자원이 풍부한 개발도상국에는 비극적인 결과를 낳는다. 막강한 군사력을 가진 사람이라면 누구나 쿠데타를 시도하려는 강력한 유혹을 느낄 것이기 때문이다. 하지만 이것을 문제삼는 경우는 거의 없다. 부자 나라들이 천연자원을 값싸게 공급받을 수 있기 때문이다.

그러니 자본주의가 불공정한 것은 사실이다. 또한 잔혹하고 무자비할 수도 있다. 하지만 엄밀히 말해 이 중에서 마르크스의 견해와 깊이 연관된 것은 하나도 없다. 9장에서 마르크스의 윤리학을 논의하면서 보았듯 마르크스는 고타에서 열린 사회주의 정당 회합에서 "공정한 분배"와 "평등한 권리"를 강령에 넣겠다는 발상을 조롱하며 이런 생각을 "낡아빠진 잡소리"로 치부했다. 그가 사회주의 정당에 원한 것은 프롤레타리아트의 단합을 지원하여 자본주의의 붕괴가 임박한 필연적 시기, 노동자들이 생산 수단의 통제권을 장악하고 모두를 위해 이용할 여건이 성숙하는 시기를 준비하는 것이었다. 이 생각을 우리가 처한 21세기 상황에 대입하면, 마르크스는 우리에게 국제적 경제 질서의 불공정함에 대한 논의를 집어치우고 국제적 프롤레타리아트의 단합을 위해 일하라고 말할 것이다. 하지만 전 세계 자본주의를 무너뜨릴 수 있는 국제적 프롤레타리아트가 결성될 조짐은 거의 없다.

국제적 프롤레타리아트의 단결이 전혀 이루어지지 않은 한

가지 이유는 민족주의가 마르크스 같은 국제주의자들의 상상보다 훨씬 강력하고 끈질긴 것으로 드러났다는 것이다. 또 다른 이유는 국가 수준에서든 세계 수준에서든 자본주의하에서 빈곤층의 비율이 커지고 그들이 여전히 최저 생활선이나 그 근처에 머물 것이라는 마르크스의 잘못된 믿음일 것이다. 세계은행에서는 최저 생활선 아래를 '극빈'으로 분류하는데, 이것은 자신의 소득으로 의식주 같은 기본적 필요를 충족하지 못하는 상황으로 정의된다. 1990년에 세계은행은 19억 5000만 명이 이런 상황에 처해 있다고 추산했으나 2016년에는 7억 6700만 명으로 낮아졌다. 이 기간의 세계 인구 증가분을 고려하면 이 감소는 더더욱 극적이다. 극빈층의 비율이 그대로였다면 이런 상황에 처한 사람의 수는 27억 명으로 지금보다 20억 명 가까이 많아야 한다. 같은 기간에 개발도상국의 중산층 노동자—하루 생계비가 4달러 이상인 사람으로 정의된다—는 노동 인구의 18퍼센트에서 절반으로 증가했다. 극단적 빈곤이 감소했음은 안녕을 나타내는 그 밖의 지표가 개선된 것에서도 확인할 수 있다. 1990년과 2012년 사이에 가난한 나라들에서는 출생시 기대 수명이 평균 9년 증가했다. 1990년과 2015년 사이에 전 세계에서 굶주림에 시달리는 사람들의 비율은 절반으로 줄었다. 자본주의하에서 점점 많은 사람들이 절대 빈곤으로 내몰리리라는 마르크스의 예언은 산업국에서뿐 아니라 전 세계에서 오류로 드러났다. 이것은 가장 완고한 마르크스주의 이데올로그를 제외한 모든 사람들에게 희소식일 것이다.

마르크스와 환경 위기

21세기는 전례 없는 도덕적 도전에 직면했다. 그것은 기후 변화다. 이제 우리는 수십억 인구에게 재앙이 될 기후 변화를 막기 위해서는 온실가스 감축을 위해 함께 노력해야 한다는 사실을 안다. 물론 산업 혁명의 토대가 된 인간 활동이 지구의 기후를 변화시킬 힘이 있음은 마르크스의 시대에는 알려지지 않은 사실이었다. 그럼에도 기후 변화를 비롯한 환경 문제에 대한 현재의 우려에 마르크스의 사상이 적절할까? 마르크스주의자들은—그중 일부는 '생태사회주의자'를 자처한다—자본주의가 본질적으로 팽창주의적이어서 자연을 비롯한 모든 것을 가차없이 (이윤을 창출할 수 있는) 상품으로 전환한다는 마르크스의 분석을 받아들인다. 그들은 자본주의를 무너뜨려야만 끝없는 경제 성장 욕구에서 벗어나 환경과 (파괴로부터 얻을 수 있는 이윤보다 더 큰 가치가 있는) 모든 것을 보전할 수 있으리라고 주장한다. 좌파/우파의 정당 구분에서 벗어나려 하는 녹색당은 자본주의에 대한 생태사회주의자들의 우려에 공감하지만 마르크스주의를 해결책으로 여기지는 않는다. 그들은 마르크스가 물질적 재화의 생산을 강조했으며 산업화가 공기, 강물, 숲, 동물에 이미 피해를 입히고 있는데도 여기에 아무런 관심을 보이지 않았다고 말한다. 또한 환경 파괴가 자본주의 사회에 국한되지 않았다고 지적한다. 소련과 동유럽 위성 국가들은 그 점에서 유럽 자본주의 국가들보다 더 열악한 경우가 많았으며, 베이징을 방문한 사람이라면 누구나 공산주의 정부가 맑은 공기를 보장하지 않음을 안다. 따라서 녹색당은 소비주의를 거부하고 환경 보호를 중시하는 새로운 윤리를 확립하려고 노력한다. 그 목표를 이루기 위해서는 교육도 중요하지만, 정부에 참여할 만큼 규모를 키움으로써 정당을 통해 변화를 얻어낼 수도 있다.

자본주의 전복을 기후 변화와의 싸움보다 우선시하는 전략의 문제는 우리가 자본주의를 조만간 무너뜨릴 수 있으리라는 전망이 희박하다는 것이다. 그러는 동안 우리는 결정적 티핑 포인트를 넘어설 것이다. 기후학자들은 (시베리아 영구 동토대가 녹아서 메탄이 방출되는 등의) 되먹임 고리 때문에 설령 인간에 의한 온실가스 순 배출량이 0이더라도 파국적 기후 변화를 멈출 수 없으리라고 경고한다.

그렇다고 해서 기후 변화를 늦추고 그 밖의 환경 문제에 대처하는 데 마르크스가 무용지물이라는 뜻은 아니다. 기후 변화의 논리는 10장에서 자유주의적 자유관에 대한 마르크스의 비판을 설명하면서 예로 든 교통 문제와 비슷하다. 개개인은 소비를 더 많이 할 수 있을 때 더 행복하다고 생각할 수 있지만, 그것은 집단적으로 보았을 때 아무도 바라지 않는 결과를 초래하는 셈이다. 현재 예측에 따르면 가뭄, 홍수, 해수면 상승으로 인해 수억 명의 기후 난민이 발생할 것이다. 자본주의가 이 문제를 해결할 수 있으려면 온실가스 배출이 전 세계에 끼치는 손해를 기업들에 물려야 한다. 한 가지 방법은 온실가스 배출에 대해 세금을 부과하는 것이다. 온실가스 배출권을 사고파는 '탄소 배출권 거래제'는 같은 목표를 달성하는 더 효율적인—이에 대해서는 논란의 여지가 있지만—방법이다. 문제는 이 방안을 실행하려면 각국 정부가 보조를 맞춰야 한다는 것이다. 지금처럼 무역 장벽이 거의 없는 상황에서는 먼저 나서는 나라가 불이익을 받을 위험이 있기 때문이다. 어마어마한 과제이기는 하지만 불가능하지는 않다. 위험한 기후 변화를 막으려면 전기, 우리가 운전하는 차, 우리가 먹는 음식을 생산하는 방법을 변화시켜야 한다. 화석 연료 생산자뿐 아니라 일부 자유지상주의자와 자유 시장 옹호자들까지도 기후 변화가 자기네 경제적 이익과 (정부 역할에 대한) 철학에 제기하는 난제를 맞닥뜨리기보다는 기후 변화의 증거를 부인하려 드는 것은 놀랄 일이 아니다. 기존 생산 수단으로부터 가장 많은 이익을 얻는 자들의 힘에 대한 마르크스의 분석은 이번에도 시의적절하다. 인간의 활동이 지구의 기후를 위태로운 쪽으로 변화시키고 있음은 과학자 절대다수의 판단이며 정식 학술지에 발표된 수많은 연구로 뒷받침되고 있음에도 석탄 산업에 금전적 이해관계가 있는 자본가들은 이 판단을 거부하는 정치인이 당선되도록 힘을 썼다. 자본주의 전복을 통해 이 문제에 대처할 수 있기를 기다릴 수 없다면, 자본주의 사회에서 살아가는 동안 화석 연료에 금전적 이해관계가 있는 자들의 영향력을 억누르고 재앙을 막을 수 있는 강력한 조치를 취할 수는 없을까? 우리는 아직 답을 알지 못한다.

"중요한 것은 세계를 변화시키는 것이다" — 하지만 어떻게?

앞에서 보았듯 마르크스의 묘비에 새겨진 포이어바흐에 관한 열한번째 테제는 세상을 변화시키는 것이 중요하다고 강조한다(그림 12 참조).

하지만 (역시 앞에서 보았듯) 마르크스는 추종자들에게 자본주의에 대한 승리가 다가오고 있으며 더 나은 세상을 가져다줄 것이라고 말함으로써 그들을 혼란에 빠뜨렸다. 그 예언은, 세상을 바꾸려던 수많은 마르크스주의자들의 노고를 그르쳤

12. 런던 하이게이트 묘지에 있는 마르크스의 무덤.

다. 국제 공산주의 운동은 좌절되었지만 마르크스의 유토피아적 시각은 지금도 많은 사람들을 혼란에 빠뜨리고 있다. 극빈층의 수가 감소한 것은 반가운 일이지만, 최소한의 품위를 가지고 살아가는 데 필요한 것들을 가지지 못한 사람이 아직 너무 많다. 사람들이 극단적 빈곤에서 벗어나 적당한 식량, 안심하고 마실 수 있는 물, 위생, 교육, 기본적 의료 혜택을 누릴 수 있도록 하기 위해 유능한 비영리 단체들이 노력하고 있다. 많은 사람들이 이 단체들을 후원하지만, 좌파는 자선 단체를 지원할 게 아니라 지구적 자본주의 경제 질서를 무너뜨리고 사회주의 경제 질서로 대체해야 한다고 말한다.

이 사고방식에는 두 가지 근본적 결함이 있다. 첫째, 지구적 경제 질서를 어떻게 무너뜨릴 것인지 누구도 감을 잡지 못하고 있다. 둘째, 자본주의보다 나은 결과를 현실에서 가져올 것으로 확인된 체제를 누구도 제시하지 못하고 있다. 정작 마르크스 본인은 자본주의가 얼마나 생산적인지를 강조했다. 「고타 강령 초안 비판」에서 마르크스가 말했듯 "조합적 부의 모든 분천"이 자본주의하에서보다 더욱 "흘러넘치"게 될, 번영하는 공산주의 경제의 사례는 어디에서도 찾아볼 수 없다. 심지어 이스라엘의 키부츠 운동처럼 평등주의 공동체를 건설하려는 소규모 시도조차 애초의 이상을 대부분 저버렸다. 키부츠 집단 거주지에서는 이제 외부인을 고용하여 고된 노동을 시킨다. 1970년대 히피 공동체는—그중 일부는 자본주의와 소비주의의 대안을 입증하려는 명백한 의도에서 시작되었다—거의 모두 사라졌다. 자본주의가 어떻게 무너질지에 대한 전망이 전무하고 자본주의를 대체할 성공적인 비(非)자본주의 모형이 하나도 없는 상황에서 지구적 자본주의 경제 질서를 무너뜨리는 일에 뛰어드는 것은 결코 도달할 수 없을, 설령 도달한다 해도 출발지보다 오히려 못할지도 모를 목적지를 향해 힘겹고 위험한 항해를 떠나는 것과 같다.

제2차세계대전의 암울한 시기에 오스트리아의 철학자 카를 포퍼는—당시에 뉴질랜드에 살고 있었는데—"유토피아적 사회 공학"보다는 "점진적 사회 공학"을 옹호했다. 그가 말한 "점진적 사회 공학"의 뜻은 가장 거대하고 시급한 사회악을 과녁으로 삼고, 자신이 관찰하는 결과를 기꺼이 지침으로 삼으려는 사람들이 열린 마음으로 추진하는 소규모의 점진적 변화다. 이에 반해 유토피아적 사회 공학은 가능한 최선의 사회를 건설하려는 시도이며, 무엇을 해야 하는가에 대해 너무 경직되어 있어서 불편한 진실을 용납하지 못하기에 실패할 가능성이 크다. 게다가 점진적 사회 공학에는 늘 기회가 있는 반면에 유토피아적 사회 제도를 옹호하는 사람들은 (영영 오지 않을지도 모르는) 알맞은 때를 기다리면서 덜 거창한 규모에서 고통을 감소시킬 수 있는 현실적 개입의 유망한 기회를 흘려

보내야 한다.

포퍼가 『열린 사회와 그 적들』을 쓴 뒤로 우리는 무엇이 빈곤을 경감할 수 있고 무엇이 경감할 수 없는가에 대해 많은 것을 배웠다. 보편 무상 교육, 공공 주택 보급, 실업 급여, 노인·장애인 연금, (미국을 제외한 모든 부자 나라에서 시행중인) 전 국민 건강 보험은 공산주의를 도입하려는 (심지어) 가장 선량한 시도에 비해서도 인간의 고통을 더 많이 경감시켰다. 배워야 할 것, 해야 할 일이 여전히 남아 있다. 이 책을 쓰는 지금 몇몇 정부와 비정부 기구에서는 포퍼의 점진적 사회 공학의 취지에 맞게 모든 사람에게—일자리가 있든 없든—사는 데 충분한 소득을 지급하는 보편 기본 소득 제도를 실험하고 있다. 다양한 분야의 산업과 직업에서 로봇과 인공 지능 때문에 인간 노동자가 쓸모없어지면 이런 제도를 도입해야 할 것이라고 믿는 사람들도 있다. 이런 변화가 닥치면, 경제적 이해관계가 우리의 지적·정치적 삶에서 어떤 역할을 하는지에 대한 마르크스의 생각은 여전히 유효하겠지만 프롤레타리아 혁명의 불가피성에 대한 그의 예측은 그렇지 않을 것이다.

감사의 말

마르크스의 생애에 대한 전기적 사실들은 데이비드 매클렐런(David McLellan)의 『칼 마르크스: 그의 생애와 사상Karl Marx: His Life and Thought: A Biography』 제4판(New York: Palgrave Macmillan, 2006)과 개러스 스테드먼 존스(Gareth Stedman Jones)의 『카를 마르크스: 위대함과 환상Karl Marx: Greatness and Illusion』(Cambridge, Mass.: Harvard University Press, 2016)(한국어판은 『카를 마르크스: 위대함과 환상 사이』, 아르테, 2018)을 참고했다. 이 책 초판에서는 G. A. 코언, 로버트 하일브로너, 레나타 싱어, 메릴린 웰츠가 유용한 조언을 해주었다. 제2판에서는 찰스 브레슬러, 이아손 개브리엘, 특히 카스턴 스트룰의 조언이 큰 보탬이 되었다. 조너선 캐틀린은 초판 인용문의 출처와 번역을 개정하는 작업을 도왔으며 여러 귀중한 조언으로 원고의 수준을 높였다. 루쭈쑹과 류야치는 오늘날 중국에서 마르크스주의가 어떤 의미인지 이해하게 해주었다. 저스틴 메이먼은 전구를 갈아끼우는 데 마르크스주의자 몇 명이 필요한지 알려주었다.

초판은 키스 토머스와 옥스퍼드 대학교 출판부 헨리 하디의 청을 받아 썼다. 제2판을 쓰라고 제안한 사람은 'Very Short Introductions' 시리즈의 편집자 앤드리아 키건이다. 21세기에 마르크스에 대해 다시 생각할 계기를 만들어준 그녀에게 감사한다. 이 책의 제작을 감독한 옥스퍼드 대학교 출판부의 제니 누지와 SPi 글로벌의 엘라키아 바라티에게도 감사한다.

인용 출처

2장: 청년헤겔학파

엥겔스 인용문 출처는 'Ludwig Feuerbach and the End of Classical German Philosophy', in K. Marx and F. Engels, *Selected Works* (Moscow: Foreign Languages Publishing House, 1951), vol. 2, pp. 364-6. 한국어판은 『루트비히 포이어바흐와 독일 고전철학의 종말』(돌베개, 1994) 26, 28쪽.

헤겔 인용문 출처는 *The Philosophy of History*, trans. J. Sibree, ed. C. J. Friedrich (New York: Dover, 1956), p. 19. 한국어판은 『역사철학강의』(동서문화사, 2008) 28쪽.

3장: 신에서 화폐로

엥겔스 인용문 출처는 'Ludwig Feuerbach and the End of Classical German Philosophy', in K. Marx and F. Engels, *Selected Works* (Moscow: Foreign Languages Publishing House, 1951), vol. 2, pp. 367-8. 한국어판은 『루트비히 포이어바흐와 독일 고전철학의 종말』 32~33쪽.

"철학적 경로"로 공산주의에 도달한다는 모제스 헤스의 인용문 출처는 소규모 영어 잡지 *The New Moral World*에 실린 F. Engels, 'Progress of Social Reform on the Continent'. Robert Tucker, *Philosophy and Myth in Karl Marx* (Cambridge: Cambridge University Press, 1961), p. 107에서 재인용.

5장: 최초의 마르크스주의

엥겔스가 유물론적 역사관을 마르크스의 주된 발견으로 묘사한 구절의 출처는 K. Marx and F. Engels, *Selected Works*, vol. 2, pp. 167-8에 실린

'Speech at the Graveside of Karl Marx'. 한국어판은 『칼 맑스 · 프리드리히 엥겔스 저작 선집 5』 506쪽.

7장: 역사의 목표

마르크스가 자신이 마르크스주의자가 아니라고 부인했다는 엥겔스의 글 출처는 Starkenburg에게 보낸 편지(25 January 1894)다. 엥겔스가 Schmidt(5 August 1890), Bloch(21 September 1890), Mehring(14 April 1893)에게 보낸 편지도 역사적 유물론의 해석을 언급한다. 모든 편지는 L. S. Feuer (ed.), *Marx & Engels: Basic Writings on Politics and Philosophy* (New York: Doubleday Anchor, 1959)에 실려 있다.

8장: 경제학

엥겔스가 잉여 가치를 마르크스의 두번째 위대한 발견으로 묘사한 구절의 출처는 K. Marx and F. Engels, *Selected Works*, vol. 2, pp. 167-8에 실린 'Speech at the Graveside of Karl Marx'. 한국어판은 『칼 맑스 · 프리드리히 엥겔스 저작 선집 5』 507쪽.

폴 새뮤얼슨이 마르크스를 고만고만한 포스트리카도주의자로 묘사한 구절의 출처는 'Wages and Interest: A Modern Dissection of Marxian Economic Models', *American Economic Review*, vol. 47 (1957), p. 911.

9장: 공산주의와 혁명

엥겔스가 마르크스를 혁명가로 묘사한 구절의 출처는 'Speech at the Graveside of Karl Marx', in K. Marx and F. Engels, *Selected Works*, vol. 2, pp. 167-8. 한국어판은 『칼 맑스 · 프리드리히 엥겔스 저작 선집 5』 507쪽.

마르크스가 민주주의적 전환의 가능성에 열린 태도를 취했다는 증거의 출처는 Karl Marx, 'On the Hague Congress: A Correspondent's Report of a Speech Made at a Meeting in Amsterdam on September 8 1872', Karl Marx and Friedrich Engels, *Collected Works*, vol. 23 (New York: International Publishers, 1975), p. 255. 한국어판은 『칼 맑스 · 프리드리히 엥겔스 저작 선집 4』 160쪽. 내가 이 언급을 알게 된 출처는 Gareth Stedman Jones, *Karl Marx: Greatness and Illusion* (Cambridge, Mass.: Harvard University Press, 2016), p. 551이다. 한국어판은 『카를 마르크스』(아르테, 2018). 영국에서 평화적이고 합법적인 혁명이 일어날 수 있다는 마르크스의 믿음에 대한 엥겔스의 설명은 *Capital* 1886년 영어판 서문에 실려 있다. 한국어판은 『자본론 I(상)』 32쪽.

"참으로 인간적인 도덕"에 대한 엥겔스의 언급은 그의 *Anti-Dühring*에 실려 있으며 Feuer (ed.), *Marx & Engels: Basic Writings on Politics and Philosophy*, p. 272에 재수록되었다. 한국어판은 『칼 맑스 · 프리드리히 엥겔스 저작 선집 5』 106쪽.

10장: 마르크스는 옳았는가?

더 나은 안락을 향한 우리의 욕망에 대한 헤겔의 언급은 그의 *Philosophy of Right*, trans. T. M. Knox (London: Oxford University Press, 1967), paragraph 191, Addition에 실려 있다. 한국어판은 『법철학』(한길사, 2008) 370쪽.

꼭대기에 도달하려는 충동의 토대가 진화일 가능성에 대해서는 Peter Singer, *A Darwinian Left: Politics, Evolution, and Cooperation* (New Haven: Yale University Press, 2000) 참조. 한국어판은 『다윈주의 좌파』(이음, 2011).

11장: 마르크스는 여전히 유효한가?

덩샤오핑의 경제 개혁이 빈곤 감소에서 이룬 성공에 대해서는 세계은행의 중국 개관, 〈http://www.worldbank.org/en/country/china/overview〉 참조. 중국의 소득 분포에 대해서는 *CIA World Factbook*, 〈http://www.cia.gov/library/publications/the-world-factbook/rankorder/2172rank.html〉 참조. 시진핑 주석 인용문의 출처는 *China Reform Monitor*, No. 1233, 10 August 2016, 〈http://www.afpc.org/publication_listings/viewBulletin/3258〉. 왕웨이광 인용문의 출처는 *Social Sciences in China*, vol. 32, no. 4 (November 2011), p. 16.

토마 피케티의 『21세기 자본』은 2013년에 프랑스어로 처음 출간되었으며 영어판은 2014년에 하버드 대학교 출판부에서 Arthur Goldhammer의 번역으로 출간되었다.

피케티에 대한 신마르크스주의 비판에 대해서는 John Bellamy Foster and Michael D. Yates, 'Piketty and the Crisis of Neoclassical Economics', *Monthly Review* (November 2014), pp. 1-24 참조.

자유 무역에 대한 마르크스의 논평은 'From our German Correspondent, the Free Trade Congress in Brussels', September 1847 및 Karl Marx, 'Speech on the Question of Free Trade', 9 January 1848에 실려 있다. 각각 Karl Marx and Friedrich Engels, *Collected Works*, vol. 6 (New York: International Publishers, 1975), p. 290 and p. 465에 수록되었다. 후자의 한국어판은 『칼 맑스 · 프리드리히 엥겔스 저작 선집』 359쪽. 내가 이 언급을 알게 된 출처는 Gareth Stedman Jones, *Karl Marx: Greatness and Illusion*, p. 233. 한국어판은 『칼 마르크스』(아르테, 2018) 405쪽.

옥스팜의 불평등 반대 캠페인에 대해서는 〈http://www.oxfam.org/en/pressroom/pressreleases/2017-01-16/just-8-men-own-same-wealth-half-world〉 참조.

세계은행의 빈곤 추정치 출처는 〈http://www.worldbank.org/en/topic/poverty/overview〉. 더 자세한 논의는 Peter Singer, *One World Now*

(New Haven: Yale University Press 2016), pp. 95–104 참조.

생태사회주의에 대한 간략한 설명은 Michael Löwy, 'What is Ecosocialism?', *Capitalism Nature Socialism*, vol. 19 (2008), pp. 15–24 참조.

카를 포퍼의 유토피아적 사회 공학과 점진적 사회 공학에 대해서는 *The Open Society and Its Enemies*, vol. 1 (London: Routledge, 1945), pp. 138–48 참조. 한국어판은 『열린 사회와 그 적들』(민음사, 2006).

독서안내

마르크스가 쓴 글

마르크스는 엄청난 양의 글을 썼기 때문에, 1956년부터 1990년까지 동독에서 출간된 마르크스·엥겔스 전집 결정판(Marx-Engels Werke)은 총 45권이다. Lawrence and Wishart에서 출간한 영어판 전집은 2005년에 완간되었으며 총 50권이다. 이 책 앞의 약어 설명에서 보듯 내가 최상의 단권 선집으로 꼽는 것은 David McLellan이 엮은 *Karl Marx: Selected Writings*, 2nd edition (Oxford: Oxford University Press, 2000)이다. Robert C. Tucker가 엮은 *The Marx-Engels Reader*, 2nd edition과 Lawrence H. Simon이 엮은 *Karl Marx: Selected Writings* (Indianapolis: Hackett, 1994)도 널리 쓰인다. 마르크스의 중요 저작 상당수는 저작권이 만료되었으며 온라인에서 (적어도 예전 번역판으로) 구할 수 있다. 마르크스·엥겔스 자료실 〈http://www.marxists.org/archive/marx〉에는 마르크스와 엥겔스의 다양한 저작이 올라와 있다.

마르크스의 가장 유명한 저작들은 여러 판본이 있다. 『공산당 선언』은 마르크스를 읽기 위한 출발점으로 좋으며 온라인에서 구할 수 있다. (아이러니하게도 자본주의 디지털 경제의 전 세계적 소매 거인 아마존에서 무료 킨들판을 제공한다.) Gareth Stedman Jones의 머리말이 실린 펭귄판(London, 2002)도 있다. 『공산당 선언』을 비롯한 몇몇 저작을 읽은 뒤에는 『자본론』 제1권에 도전해보고 싶을 것이다. 생각만큼 어렵지는 않으며, 마찬가지로 여러 판본으로 나와 있다. 펭귄에서 출간한 Ben Fowkes 번역본이 널리 쓰이고 있으며 소련에서 출간되어 온라인에서 무료로 구할 수 있는 옛 번역도 많이 읽힌다.

마르크스에 대한 글

마르크스와 엥겔스가 쓴 저작이 50권이라면 마르크스에 대한 저작은 수만 권에 이른다. 아래는 최근의 수작들 중에서 일부분만 추린 목록이다. 과거의 문헌은 전 세대들이 마르크스를 어떻게 생각했는지 보여준다는 점에서 흥미롭긴 하지만, 마르크스의 미출간 초기작과 『요강』을 알지 못했기에 마르크스 사상의 기원과 토대에 대해 믿을 만한 지침이 되지는 못한다.

마르크스의 생애를 다룬 훌륭한 문헌은 여러 종이 있다. 두 편의 저명한 전기 Gareth Stedman Jones, Karl Marx: Greatness and Illusion (Cambridge, Mass.: Harvard University Press, 2016)과 Jonathan Sperber, *Karl Marx: A Nineteenth-Century Life* (New York: Norton, 2013)는 마르크스를 역사적 맥락에서 조명한다. 전자의 한국어판은 『카를 마르크스』(아르테, 2018). 오랫동안 표준적 전기이던 David

McLellan, *Marx: A Biography*의 최신판은 제4판이다(New York: Palgrave Macmillan, 2006). Francis Wheen, *Karl Marx: A Life* (New York: Norton, 1999)는 문체가 대중적이다. 한국어판은 『마르크스 평전』(푸른숲, 2001).

헤겔의 사상에 친숙해지면 마르크스를 더 깊이 이해할 수 있다. 이 책을 재밌게 읽었다면 Peter Singer, *Hegel: A Very Short Introduction* (Oxford: Oxford University Press, 2001)도 맘에 들 것이다. 한국어판은 『헤겔』(교유서가, 2019). 마르크스의 청년기 헤겔주의 저작과 그의 성숙한 저작을 잇는 연속성을 입증한 Robert Tucker, *Philosophy and Myth in Karl Marx*는 1961년에 처음 출간되었으며 최신판은 제3판이다(London: Routledge, 2000). David McLellan, *The Young Hegelians and Karl Marx* (London: Macmillan, 1969)와 David Leopold, *The Young Karl Marx: German Philosophy, Modern Politics, and Human Flourishing* (Cambridge: Cambridge University Press, 2009)은 마르크스의 지적 발전을 이해하는 유용한 바탕이다. Bertell Ollman, *Alienation: Marx's Conception of Man in Capitalist Society* (2nd edn, Cambridge: Cambridge University Press, 1977)는 소외를 다룬 대부분의 문헌보다 가독성이 뛰어나다.

이 문헌들이 헤겔주의를 강조하는 반면에 G. A. Cohen, *Karl Marx's Theory of History* (expanded edition, Princeton: Princeton University

Press, 2000)는 마르크스주의를 과학적 역사 이론으로 간주하는 오래된 해석을 제시한다(이 해석은 종종—경멸적으로—'기술 결정론'으로 불린다). 한국어판은 『카를 마르크스의 역사 이론』(한길사, 2011). Melvin Rader, *Marx's Interpretation of History* (Oxford: Oxford University Press, 1979)는 마르크스에 대한 다양한 (가능한) 해석을 제시한다. Cohen의 후기 저작 *If You're an Egalitarian, How Come You're So Rich?* (Cambridge, Mass.: Harvard University Press, 2000)는 마르크스 편에서 더 넓은 윤리 문제를 논의한다.

David Harvey의 두 권짜리 *A Companion to Marx's Capital* (London: Verso, 2010 and 2013)은 마르크스의 주저를 소개한다. 한국어판은 『데이비드 하비의 맑스 자본 강의』(창비, 2011, 2016). 하비는 각 장마다 유용한 동영상 강의를 제작했는데, 그의 웹사이트(http://davidharvey.org/reading-capital/〉)에서 볼 수 있다. *Marx, Capital and the Madness of Economic Reason* (Oxford: Oxford University Press, 2017)에서 하비는 『자본론』이 오늘날에도 유효하다고 주장한다.

환경 위기에 대한 마르크스주의적 견해를 간략하게 설명한 문헌으로는 Fred Magdoff and John Bellamy Foster, *What Every Environmentalist Needs to Know about Capitalism* (New York: Monthly Review Press, 2011) 참조. 한국어판은 『환경주의자가 알아야 할 자본주의의 모든 것』(삼화, 2012). 더 폭넓은 논의를 접하고 싶다면 Fred

Magdoff and Chris Williams, *Creating an Ecological Society: Toward a Revolutionary Transformation* (New York: Monthly Review Press, 2017)을 읽으라. 이 주제는 *Capitalism Nature Socialism*이라는 학술지에서 즐겨 논의된다.

Étienne Balibar, *The Philosophy of Marx* (London: Verso, 2014)는 유럽 대륙 철학의 관점에서 마르크스와 후대 마르크스주의자를 짧지만 치밀하게 연구한 책이다. 한국어판은 『마르크스의 철학』(오월의봄, 2018). Leszek Kolakowski는 세 권으로 출간되었으나 이제는 한 권으로 구입할 수 있는 『마르크스주의의 주요 흐름Main Currents of Marxism』(New York: Norton, 2008)에서 창시자들로부터 '황금기'를 거쳐 소비에트 이데올로기로의 소멸에 이르는 마르크스 이론의 전 과정을 서술한다.

역자 후기

2018년 3월 24일 피터 싱어가 페이스북에 이런 글을 올렸다.

> 저의 최근작 소식을 알립니다. 마르크스 탄생 200주년 기념일인 5월 5일을 기념하여 『마르크스』 개정판이 출간되었습니다. 미국에서는 4월 1일에 출간됩니다.

좋아하는 철학자인 피터 싱어가 궁금한 사상가인 카를 마르크스에 대한 책을 썼고 게다가 변화한 시대 상황에 맞게 개정했다는 소식에 구미가 당겼다. 그래서 트위터에 "옥스퍼드 VSI 마르크스 편을 피터 싱어가 썼구나. 마르크스 탄생 200

주년을 기념하여 개정판이 나왔다고. 교유서가에서 내주면 좋겠다"라고 글을 올렸는데 이튿날 교유서가 신정민 대표에게서 "판권을 구하면 번역할 의향은 있으신가요?"라는 반응을 얻었다. 피터 싱어는 『헤겔』도 썼는데, 『마르크스』를 읽는 데 도움이 될 것 같아서 이참에 함께 번역하기로 계약했다. 『마르크스』 독서안내에서 "헤겔의 사상에 친숙해지면 마르크스를 더 깊이 이해할 수 있다. 이 책을 재미있게 읽었다면 Peter Singer, *Hegel: A Very Short Introduction* (Oxford: Oxford Press University, 2001)도 맘에 들 것이다"라고 밝힌 것을 보면 둘 다 번역하길 잘한 것 같다. 사실 두 책의 번역은 사심에서 출발했다. 늘 '언젠가는 읽어야지'라고 생각하지만 한 번도 제대로 읽어본 적 없는 『마르크스』와 『헤겔』을 번역 핑계로 꼼꼼히 들여다보고 싶은 욕심이 컸다. 번역은 책을 가장 꼼꼼히 읽는 방법이기도 하니까. 물론 남이 번역해놓은 책을 읽는 것이 훨씬 편하지만.

마르크스는 경제학자이기 이전에 철학자다. 그의 철학이 헤겔의 변증법적 관념론을 어떻게 뒤집어 변증법적 유물론을 만들어냈는지 들여다보려면 철학자의 관점이 필요한데, 피터 싱어는 이 일에 적임자라고 생각된다. 이 책은 여느 마르크스 소개서와 달리 철학자 피터 싱어와 철학자 카를 마르크스의 대담처럼 읽힌다. 피터 싱어는 마르크스의 사상이 발전하는 궤적을 따라가며 마르크스 사상의 전모를 밝힌 뒤에 그의 논리적 허점을 파고든다. 생산력과 상부구조의 관계에서 생산력을 우위에 놓은 이른바 경제 결정론을 헤겔주의의 관점에서 규명한 것은 개인적으로 이 책의 백미라고 생각한다. 이 밖에도 마르크스의 자유 관념을 자유주의적 자유 관념과 대조하고 마르크스와 토마 피케티를 비교하는 장면 등이 이채롭다.

이 책이 일종의 대담이라고 말했는데, 마침 피터 싱어가 영국의 철학자 브라이언 매기와 이 책에 대해 대담을 나눈 동영상이 유튜브에 올라와 있기에 자막을 한국어로 번역했다. 마르크스와 헤겔의 사상을 간단명료하게 요약하고 있으니 참고삼아 봐두시길 권한다(http://socoop.net/Marx/interview/).

『마르크스』에는 마르크스와 엥겔스를 비롯한 여러 저술가들의 글이 인용되고 있는데, 한국어판이 출간된 경우 번역문을 그대로 옮겨 싣고 출처를 명기했다. 편집 방침에 따라서는 한국어판 인용문의 문장을 다듬기도 하는데, 이 책은 마르크스의 저작으로 이어지는 길잡이 역할을 하고 있으므로 독자가 대조하며 읽을 수 있도록 고유명사 등 일부 표기를 제외하고는 전혀 손대지 않았다. 다행히 마르크스의 주저와 선집이 출간되어 있어서 번역에 큰 도움을 받았다. 해당 저작들을 출간한 번역자와 출판사의 노고에 감사한다.

도판 목록

마르크스

MARX

초판 1쇄 발행 2019년 2월 21일
초판 2쇄 발행 2021년 8월 26일

지은이 피터 싱어
옮긴이 노승영
펴낸이 신정민
편집 최연희
디자인 강혜림
저작권 김지영 이영은
마케팅 정민호 김경환
홍보 김희숙 함유지 김현지 이소정 이미희 박지원
제작 강신은 김동욱 임현식

제작처 한영문화사(인쇄) 한영제책사(제본)
펴낸곳 (주)교유당
출판등록 2019년 5월 24일 제406-2019-000052호
주소 10881 경기도 파주시 회동길 210
문의전화 031) 955-8891(마케팅) 031) 955-2680(편집)
팩스 031) 955-8855
전자우편 gyoyudang@munhak.com
ISBN 978-89-546-5497-5 03100

• 이 도서의 국립중앙도서관 출판예정도서목록(CIP)은
서지정보유통지원시스템 홈페이지(http://seoji.nl.go.kr)와
국가자료공동목록시스템(http://www.nl.go.kr/kolisnet)에서 이용하실 수 있습니다.
(CIP제어번호: CIP2019002937)